언어 자료 처리를 위한 Perl

Practical Extraction and Report Language

김동성 채희락 전종섭

한국외국어대학교 출판부

서 문

언어학의 연구 대상은 언어 자료이다. 일상적인 언어 현상인 대화 자료나 소설이나 신문 같은 문어 자료를 다양하게 모으면 엄청나게 많은 양이 될 것이다. 언어 자료에 기반해 언어 현상을 연구하는 것은 대량의 자료를 상대하는 일이다. 방대한 자료를 사람이 일일이 처리하기에는 너무 많기 때문에 기계의 도움이 절실하다. 컴퓨터는 반복적인 작업을 매우 빠르고 정확하게 지정된 방식대로 수행한다. 그러나 컴퓨터를 활용하려면 컴퓨터에게 작업을 지시하기 위한 대화를 위해서 컴퓨터 언어를 배워야 한다.

이 책에서는 언어 자료 처리를 위해서 프로그래밍 언어인 Perl을 소개한다. Perl은 텍스트를 다루기에 적합한 언어로 미국의 언어학자 Larry Wall이 개발한 프로그래밍 언어이다. Perl의 개발 목적은 텍스트 처리 작업의 원활한 수행과 보고를 위한 실용적인 것이다. Perl의 텍스트 처리 방식은 언어 자료 처리 방식과 매우 유사하다. 이러한 연유로 텍스트 형태로 쓰여진 언어 자료를 처리할 목적으로 Perl이 많이 활용된다. 다른 프로그래밍 언어도 많이 있지만 언어 자료 텍스트의 검색, 추출, 치환 등의 작업에는 Perl이 매우 강력한 힘을 발휘한다. 이외에도 Perl은 다양한 장점을 갖고 있다. 우선 문법이 간단하기 때문에 프로그래밍에 문외한인 초보자도 쉽게 배울 수 있다. 또한 프로그램 개발 환경도 간단해서 쉽게 설치하고 구동할 수 있다. 개발자들의 커뮤니티도 잘 발달되어 있어서 프로그램 개발시에 많은 도움을 받을 수 있다. 이런 개발자 커뮤니티는 웹을 중심으로 발전하였는데, 개발에 직접적인 도움을 웹을 통해서 쉽게 얻을 수 있다. Perl에 대한 입문서나 기타 학습서도 많이 발간되어 있어서 관련 자료도 쉽게 구할 수 있다.

이 책은 크게 3부로 구성되어 있다. 1부에서는 Perl에 대해 간단히 소개하고 언어학과의 연관성을 살펴본다. 프로그래밍이란 무엇이며 언어학에 왜 Perl이 필요한가를 다루고 있다. 또한 Perl이 언어 자료를 처리하는 측면을 '더러운 손'이라는 관점에서 설명한다. 이외에도 Perl의 자료를 얻을 수 있는 웹 사이트와 커뮤니티 및 학습서를 소개한다. 2부에서는 Perl을 배우기 위한 내용이 소개되는데, 여타의 프로그래밍 소개서와 흡사하다. 즉, Perl이 가진 문법을 항목별로 소개한다. 크게 스칼라 데이터, 배열, 제어구조, 함수, 해쉬와 레퍼런스, 파일핸들, 패턴매칭 부분으로 나누어 설명한다. 프로그래밍 언어도 하나의 언어로서 단어와 문법을 가지고 있다. Perl을 배우기 위해서도 먼저 Perl의 단어와 문법을 알아야 한다. 이 책은 인문학도인 언어학 전공자를 위한 것으로 여타의 컴퓨터 전문 서적보다 더 쉽게 Perl을 소개하려고 노력했다. 3부에서는 언어 자료 처리를 위한 Perl 프로그래밍을 소개하기 위해 텍스트 처리, 통계 처리, 용례 찾기, 파싱과 같은 항목을 다룬다. 텍스트 처리에서는 일반적인 Perl의 프로그래밍 기법을 이용하는 것과 Perl 개발자들이 미리 만들어 놓은 모듈을 활용하는 방식을 소개한다. 통계 처리에서는 언어 자료 처리에서 필수적으로 다루어야 하는 빈도와 n-gram을 자세히 다룬다. 언어 자료를 통계적으로 처리하기 위해 기본이 되는 것들로 언어학 전공자에게 가장 절실히 필요한 내용이다. 용례 찾기는 텍스트에서 하나의 단어가 어떻게 활용되는지를 검색하는 기능인데, 프로그램을 활용하여 언어 자료를 처리하는 가장 초보적인 것이다. 파싱은 문장을 주어진 문법에 따라서 잘게 잘라내는 것으로, 여러 가지 문법 이론과 전산적 알고리즘에 따라서 매우 복잡하게 설명될 수도 있다. 이 책에서는 파싱을 소개하면서 Perl 개발자들이 미리 만들어 놓은 모듈을 활용하였는데, 문법을 제공하면 문법에 맞게 주어진 문장 구조를 분석하거나 해당 문장이 문법에 부합하는지를 검토한다.

프로그래밍은 컴퓨터공학이나 전산학을 공부하는 사람들에게도 매우 어려운 분야이다. 더구나 인문학도에 속하는 언어학 전공자는 공학이나 과학을 접해보지 못한 사람들로 프로그래밍 분야에 매우 생소하다. 이 책은 인문학도인 언어학 전공자를 위해 쓰였으므로 이런 점을 고려하였다. 무엇보다도 프로그래밍을 쉽게 소개하려고 애를 썼으며, 언어 자료를 처리하는 데에 꼭 필요한 내용 중심으로 소개하였다. 또한 언어학 및 연관된 학문 분야에서 강의 교재로 활용될 수 있도록 적절한 분량을 설정하였다. 수업 진도에 맞게 내용과 분량을 설계하고, 각 장의 끝에 연습문제를 실었다. 연습문제는 각 장을 학습하고 반드시 스스로 만들어 보아야 할 프로그래밍 훈련 과제를 수준별로 나누어 담고 있다. 프로그래밍은 눈으로 배우는 것이 아니라 키보드와 화면을 통해서 배우는 것이므로 실습은 필수적이다. 이 책을 학습하는 사람은 연습문제로 제시한 프로그램들을 모두 적절하게 구현할 수 있어야 한다.

프로그래밍 작업은 반드시 전산학을 전공한 사람들만 하는 것이 아니다. 프로그래밍 언어는 누구나 배울 수 있는 언어 중의 하나이다. 사람들이 자연언어를 사용해서 다른 사람들과 대화하듯이 인공언어인 프로그래밍 언어를 활용하면 컴퓨터와 대화할 수 있다. 프로그래밍은 컴퓨터에게 작업을 시키기 위한 것으로, 컴퓨터가 사용하는 언어로 대화를 나눌 수 있어야 한다. 반복적이며 시간이 많이 소요되거나 스스로 연산하기에 어려운 작업을 컴퓨터에게 시키기 위해서는 먼저 컴퓨터와 대화하는 법을 배워야 한다. 영어를 모국어로 활용하는 외국인과 대화하는 방법을 배우기 위해서는 영어를 먼저 배워야 하는 것과 마찬가지이다. 이것이 프로그래밍 언어를 배우는 목적이다. 또한 Perl을 활용해서 언어 자료를 처리하고, 처리된 언어 자료를 잘 분석하는 능력을 배양하도록 하는 것이 이 책 저자들의 바람이다.

끝으로 본 교재는 한국외국어대학교 언어인지과학과에서 2007년도에 수행한 'IT 접목 학과 지원 사업'(정보통신연구진흥원)의 일환으로 출판되었음을 밝혀 두는 바이다. 수요가 한정되어 있는 전산언어학 분야의 책을 출판해 주신 한국외국어대학교 출판부와 탁경구 선생님께 감사 드린다. 또한 원고 교정에 힘쓴 김일규 군에게도 감사 드린다.

2008년 1월

저자 일동

차례

2.2 배열 • 37

2.3 제어구조 • 47

2.4 함수 • 54

2.5 해쉬와 레퍼런스 • 64

1부. 언어학과 Perl

언어학과 Perl

1.1 프로그래밍이란?

컴퓨터 프로그래밍은 일종의 절차서를 만드는 것이다. 절차서는 어떠한 일을 처리하는 데 있어서 어떤 절차를 따를 것인가를 기록한 것이다. 아주 간단한 예를 들어 보자. 아이가 양치질을 하는 방법을 물어 본다면 다음과 같이 말해 줄 수 있을 것이다.

① 칫솔을 잇몸에 45도로 기울여 부드럽게 아래로 쓸어 내리듯 치아 바깥 면을 닦는다.
② 위의 동작을 한 부위에 10~20회 정도 반복한다. 치아 안쪽도 같은 방식으로 닦는다.
③ 음식을 씹는 면인 어금니 부위는 앞뒤로 왔다 갔다 하면서 칫솔질 한다.
④ 앞니의 안쪽을 닦기 위해 칫솔을 직각으로 세워 위아래로 움직이며 닦는다.
⑤ 마지막으로 잇몸과 혀를 닦는다. 혀를 닦게 되면 혀의 세균을 없애며 입냄새도 줄어들게 된다.

위와 같이 양치질에도 일종의 절차적 흐름이 있다. 치아의 바깥 면을 일정한 방식으로 먼저 닦고 안쪽도 비슷한 방식으로 닦는다. 마지막으로는 잇몸과 혀를 닦는다. 양치질 교육을 위한 소프트웨어를 만들려면 어떠한 방식으로 양치질을 하는지를 알고 있어야 한다. 이와 같이 프로그램을 작성하는 프로그래밍이란 것은 컴퓨터가 이해하는 언어로 절차를 표기하는 것을 말한다. 즉, 컴퓨터에 양치질과 같은 작업을 수행하게 하는 절차서인 프로그램을 만드는 작업을 말한다. 이러한 절차는 언어로 되어 있고 언어를 이해한다는 것은 곧 프로그래밍을 이해하는 것이다.

프로그래밍에 대한 글을 시작하기 전에 경계해야 할 두 가지 점을 먼저 말하고 싶다. 하나는 프로그래밍을 기피하는 것에 대한 문제점과 다른 하나는 프로그래밍에 탐닉하는 문제점이다.

프로그래밍을 전산적인 연구를 하는 사람이 작성하는 암호로 생각하는 사람이 많다. 특히 프로그래밍을 수학적 연산과 관련성이 많은 것으로 생각하고 이를 기피하는 사람들이 종종 있다. 이들은 프로그래밍을 통한 작업이 필요하더라도 프로그래밍을 회피하고 멀리하게 된다. 반복적인 작업을 3일 동안 해야 하는 경우에 관련 프로그램을 작성하면 작업을 훨씬 빨리 진행할 수가 있다. 프로그램을 만드는 데 대략 하루 정도의 시간이 소요된다고 가정하면 이틀 정도의 시간을 절약할 수 있다. 이처럼 프로그램을 작성하는 것이 큰 도움이 될 것이다. 그러나 프로그래밍을 회피하는 사람이라면 3일의 반복적인 작업을 선택할 것이다. 프로그래밍을 기피하는 사람은 프로그래밍 작업이 어렵고 힘이 들며 배우는 데 많은 시간을 낭비하는 듯한 생각을 가질지 모른다. 이러한 자세는 프로그래밍의 본질을 잘 이해하지 못하는 것이다. 프로그래밍은 프로그래밍 언어를 활용하는 작업이다. 나와 컴퓨터의 대화이다. 물론 프로그래밍은 수학과 연관성이 많다. 그러나 수학도 일종의 언어로 수라는 언어로 대화하는 것이다. 결국 언어를 배우는 것이 프로그래밍을 학습하는 것이고 언어로 컴퓨터와 대화하는 것이 프로그래밍 작업이다.

다른 부류는 프로그래밍이라는 작업에만 열중하는 사람들이다.

이 사람들에게는 자신이 만드는 프로그램이란 자신이 가진 세계의 일부분이다. 그래서 자신의 세계를 너무 고상하고 아름답게만 여기고 그렇게 만들고 싶은 욕심이 들게 된다. 즉 프로그래밍 코드 자체만을 강조하게 된다. 앞에서도 언급했듯이 프로그래밍은 언어를 통한 대화 작업이다. 더 나은 대화를 위해서 더 나은 대화 기술을 배우는 것은 필요하며 바람직하다. 그러나 항상 아름답고 고상한 대화만을 주고 받을 수는 없다. 때로는 화나 슬픔 혹은 즐거움도 일상적인 대화의 일부분이 된다. 대화란 대화의 목적을 위해서 존재하는 것으로 목적에 부합되는 대화를 즐겨야 된다. 필자는 프로그래밍 작업을 하면서 끊임없이 더 나은 코드를 추구하는 사람들을 경계한다. 이러한 부류의 사람들은 왜 프로그래밍이 '더러운 손(dirty hands)'인지를 이해하지 못하는 사람들이다. 목적을 무시하고 무조건 대상을 미화하는 것도 피해야 할 자세 중의 하나이다.

이와 같이 프로그래밍은 언어를 활용한 대화 작업이며 어떠한 작업을 수행하기 위한 방식이다. 이 글을 읽는 독자가 프로그래밍에 문외한이라면 두려움을 갖지 말고 또한 프로그래밍을 알고 있더라도 목적에 충실한 자세를 갖기를 바란다.

1.2 언어학과 프로그래밍

언어 자료를 다루는 프로그래밍은 '더러운 손'과 큰 연관성이 있다. 언어 자료는 그 수가 너무 많다. 우리가 흔히 말하는 문장의 가능한 개수는 모두 몇 개일까? 셈으로 가능한 숫자는 아니지만 산술적인 고려를 해보자. 우선 3음절로 된 단어가 두 개만 들어 있는 문장은 모두 몇 개일까? 간단한 계산을 해보자. 종이 한 장을 꺼내어 영어의 알파벳으로 구성된 1음절 단어를 만들어보자. 음절은 자음과 모음의 결합으로 구성된다. 따라서 가능한 음절은 다음의 네 가지로 구성된다.

① 자음 + 모음 + 자음
② 자음 + 모음
③ 모음 + 자음
④ 모음

산술적으로 계산하면 영어의 알파벳 중 모음은 {a, e, i, o, u}의 다섯 개이고 나머지는 자음이므로 다음과 같은 개수의 단어가 생성 가능하다.

① 자음 + 모음 + 자음 = 21 × 5 × 21 = 2205
② 자음 + 모음 = 21 × 5 = 105
③ 모음 + 자음 = 5 × 21 = 105
④ 모음 = 5

가능한 단어는 총 2420개이다. 물론 이러한 계산법은 정확하지 않다. 우선 영어 음절의 경우에 모음이 두 개인 경우도 있고 아닌 경우도 있다. 또한 자음이 2개 이상 연속해서 나오는 경우도 있을 것이다.

이런 경우를 고려하지 않더라도 하나의 음절로 구성된 단어의 수는 산술적으로 2420개가 된다. 음절 개수를 늘려보면 엄청난 수를 얻게 된다. 음절이 3개인 단어의 수는 14,172,488,000개나 된다.

다음으로는 문장 단위를 고려해 보자. 영어에서 가장 단순한 문장 구조인 '주어 + 동사'의 경우에 단어가 두 개만 있으므로 문장의 수는 계산적으로 14,172,488,000 × 14,172,488,000개가 된다. 따라서 3음절 단어 두 개로 200,859,416,119,144,000,000개의 문장이 생성될 수 있다. 이것은 이미 우리가 다룰 수 있는 범위를 넘어선 수이다.

이러한 언어 자료를 다루려면 어떠한 방식을 활용하는 것이 좋을까? 기계를 활용해서 작업하는 것이 효율적일 것이다. 간단한 과제로 3음절로 구성된 단어가 두 개만 있는 모든 문장에서 I로만 시작하는 모든 문장을 고려하는 문제가 있다고 하자. 이런 경우에 언어 자료를 일일이 세는 작업은 불가능할 것이다. 이런 작업을 다루는 직업은 '3D(Dirty, Difficult, Dangerous)' 직종에 속하는 일일지도 모른다. 프로그래밍은 사람들이 하기 힘든 일을 대신하는 '더러운 손'이다.

언어학자에게 프로그래밍은 방대한 언어 자료를 다루는 일이다. 이러한 일은 언어학에서도 '더러운 손'이지만 언어 자료를 다루기 위해서는 매우 필요한 일이다. 언어학자에게 실제 자료를 찾아보고 그 구성을 살펴보는 작업은 필수적이다. 이런 작업을 위해서 언어 자료를 다루는 프로그래밍이 필요한 것이다.

실제 작업에 프로그래밍이 어떻게 활용되는지 살펴보자. 언어학 연구를 위해서는 방대한 언어 자료가 필요하다. 언어학자들은 그들의 연구를 위해서 많은 언어 자료를 모으는 작업을 해오고 있다. 이렇게 대량으로 모은 언어 자료를 코퍼스 또는 말뭉치라고 한다. 코퍼스란 용어는 아리스토텔레스가 처음 사용하였다. 아리스토텔레스는 논리학 저서에서 논리와 언어의 연관성을 논의하면서 언어 자료를 지칭하는 용어로 이 말을 사용하였다. 아리스토텔레스는 언어의 특성을 발화로 주장하였다. 즉 언어라는 것은 입을 통해서 발성되고 의사가 전달되는 체계로 주장한 것이다. 언어는 한 번 발성되면 사라지는 일회적 성격을 지닌다. 언어 자료는 이러한 일회성의 언어를 보관하는 것으로 '죽은 것의 더미'라는 뜻의 코퍼스라는 용어가 사용된 것이다.

현재 세계적으로 많은 대학과 연구소들이 많은 코퍼스를 구축해 놓았다. 세계 최대 규모의 코퍼스는 영국의 국가적 프로젝트로 작성된 'BNC(British National Corpus)'이다. BNC는 대략 1억 단어 규모이다.

코퍼스를 작성하는 데 있어서 한국어가 아닌 언어들은 주로 단어 단위로 수집이 되는 반면에 한국어의 경우에는 언어의 특성상 단어가 아닌 어절이라는 단위로 언어 데이터가 수집된다. 한국어와 같은 교착어는 영어와 같은 굴절어와는 달리 두 개 이상의 단어가 한 덩어리를 이루는 경우가 많다. 따라서 한국어의 경우에 단어 단위가 아닌 하나 이상의 단어로 이루어진 어절 단위로 수집된다. 어절 단위는 띄어쓰기의 단위로 간주된다.

우리나라에서도 정부 기관인 국립국어원에서 코퍼스 수집 작업을 수행해 오고 있으며 현재 그 규모가 1천만 어절 이상이다. 이 코퍼스는 한글을 창제하신 세종대왕의 업적을 기려서 '세종코퍼스'로 명명되었다. '세종코퍼스'는 각 어절의 형태소를 분석한 코퍼스로 다음과 같은 구조를 갖고 있다.

문득	문득01/MAG
바라본	바라보다/VV + ㄴ/ETM
하늘은	하늘01/NNG + 은/JX
시원하게	시원하다/VA + 게/EC
펼쳐진	펼쳐지다/VV + ㄴ/ETM
물	물01/NNG
빛깔이었다.	빛깔/NNG + 이다/VCP + 었/EP + 다/EF + ./SF

코퍼스를 통한 언어 자료 연구에서 중요한 것은 코퍼스에서 발견되는 단어의 빈도에 대한 정보이다. 빈도 정보는 코퍼스 자료의 통계처리를 위해서 기본적으로 필요하다. 아래는 '세종코퍼스'에서 발견되는 일부 형태소의 빈도를 나타낸 것이다.

빈도수	형태소
122607	./SF
76696	다/EF
72423	의/JKG
71366	을/JKO
69654	ㄴ/ETM
60551	는/ETM
57745	에/JKB
50892	이/JKS
49958	,/SP
49453	이다/VCP
45827	고/EC
45347	는/JX
41425	를/JKO
35600	은/JX
35220	었/EP

이러한 빈도를 구하는 일은 프로그래밍을 통해서 간단하게 처리할 수 있다. 프로그래밍은 코퍼스의 기본적인 자료를 얻어내기 위한 작업에 직접적으로 활용된다. 그러므로 코퍼스 연구에 프로그래밍 작업은 당연하면서도 필수적인 일이다.

코퍼스 연구에서 필수적인 또 다른 작업은 단어가 어떻게 활용되고 있는지를 찾아내는 일이다. 즉, 해당 단어가 코퍼스에서 어떤 분포를 보이는지를 찾아내는 일이다. 아래의 예는 일련의 텍스트에서 '나는'이 분포하는 문맥을 앞뒤 5단어로 해서 모은 것이다.

대한 우리의 물음도 일단 끝이	[나는]	것이라고 믿기 때문입니다.
의학에서의 일반명제가 옳다고 믿는 한	[나는]	의사의 말에 납득하는 것이다.
여기에 오류가 없는 한	[나는]	그에 따른 처치를 납득하는 것이다.

위와 같은 예는 '나는'이 문맥에서 어떤 위치에 오는가를 보여주게 된다. 이런 분석을 바탕으로 각각의 용례에 대한 검색을 통해서 '나는'의 문맥들의 특징을 추출하고 이를 토대로 언어학적 분석을 할 수 있다. 물론 많은 인력과 시간을 활용해서 이러한 작업을 진행할 수도 있지만 편리하고 간단한 프로그래밍을 활용한다면 용례 검색 작업이 매우 쉽고 편리해질 것이다.

1.3 Perl과 '더러운 손'

Perl은 미국의 Larry Wall이라는 언어학자가 개발한 프로그래밍 언어로 'Practical Extraction and Report Language'의 약자이다. 이 언어의 개발 목적은 텍스트 작업의 원활한 수행과 보고를 위한 실용성에 있다. Perl의 본래 개발 방향은 언어 자료 분석에 집중된 언어학의 연구 목적에 잘 부합된다. 따라서 언어학 연구에 Perl을 많이 활용한다.

다른 프로그래밍 언어들을 활용하는 것보다 언어 자료와 연관된 작업에서는 Perl로 작성된 프로그램이 매우 간단하면서도 많은 일을 처리할 수 있다. Perl의 이러한 강력한 텍스트 처리 능력은 우선 정규식에 있다. 정규식을 활용하면 텍스트를 효율적으로 검색할 수 있다. 다음과 같은 텍스트 더미가 있다고 가정하자.

```
kleppe[[eee0091#]*&@@^&*sdiiidiitiisfgddggggddessseeklllllxlld
llekkkmclsleldp[plllll〉〈??"AS2SD—LDLLKD,M0&~=_lll \ \ \
\ \ 340590596k
```

위의 텍스트에서 찾고 싶은 문자열이 'ddesssee'라면 일정한 형태의 규칙을 통해서 문자열을 찾아내야 할 것이다. 이 때 일정한 형태의 규칙이 정규식이 된다. 다시 말하면 정규식은 문자열을 정규적인 언어로 표현하는 방식이다. Perl은 다른 프로그래밍 언어에 비해서 정규식이 매우 간편하고 강력한 기능을 가지고 있다. 대표적인 프로그래밍 언어인 C는 이런 작업에 있어서 Perl을 따라 올 수 없다. 또한 웹 산업의 번창과 더불어 강력해진 JAVA라는 언어도 웹 환경을 제어하기에는 강력하지만 정규식의 표현에서는 Perl을 따라 올 수 없다. Perl의 이런 강력한 정규식 기능을 새로운 프로그래밍 언어를 개발하면서 포함시키기도 한다. 대표적으로 C#이라는 언어는 C의 기능과 JAVA의 웹 제어 능력 및 Perl의 정규식 표현법을 결합한 프로그래밍 언어이다. 웹 개발을 빠르게 할 목적으로 개발된 여러 언어를 합친 형태의 새로운 언어인 Ruby는 Python 방식의 들여쓰기 기능과 객체 지향 방식을 가졌지만 정규식은 Perl을 본떠서 만들었다. 이와 같이 Perl의 정규식은 모든 프로그래밍 언어의 정규식 표현 방식의 기본이 되었다.

프로그래밍 언어들은 절차적인 처리 방식과 선언적인 처리 방식으로 나뉜다. Perl은 절차적인 처리 방식을 따른다. 이것은 인공지능적인 Prolog의 선언적인 처리 방식과 다르다. 다음의 Prolog 프로그램을 살펴 보자.

```
sibling(X,Y) :-
    parentS(F,M,X),
    parentS(F,M,Y),
    X \= Y.
```

이 프로그램은 어떤 사람 X와 Y가 형제자매 관계이면 같은 아버지 F와 어머니 M을 갖는 것을 나타낸다. Perl 프로그램의 경우는 이런 내용을 순차적으로 나타낸다.

```
if(parents(x) eq parents(y))
{
        unless(x eq y) {
                x = sibling(y);
        }
}
```

위의 예는 Prolog 프로그램을 Perl로 전환한 것인데, ① → ② → ③ → ④ → ⑤ → ⑥의 순서로 처리하게 된다. 반면에 Prolog 프로그램의 경우에는 이런 순서를 따르지 않고 Prolog 문법 내부에서 정해진 순서에 의해서 처리하게 된다. 논리적인 순서에 의해서 처리하기 때문에 Prolog는 논리적인 성격의 인공지능 분야에 활용된다. 반면에 언어 자료는 문자열의 연속체이기 때문에 언어 자료 처리는 Perl이 더 적합하다. 일반적으로 Prolog 프로그래밍 기법은 Perl의 순차적인 프로그래밍 기법에 비해서 더 어렵다. Prolog의 회귀적 방식과 'fail and cut' 방식을 통한 백트랙(backtrack) 기법은 숙련된 프로그래머가 아니고서는 사용하기 힘들다. Perl은 많은 양의 코퍼스를 다루어야 하는 '더러운 손'의 일을 하기에 매우 적합하다.

또한 Perl은 C나 JAVA와 같은 언어에 비해서 매우 간단하다. C는 하드웨어를 제어할 수 있는 많은 방법이 있으며 윈도우 환경에서 프로그램이 매우 적절하게 구현될 수 있다. 그러나 문법이 너무 어려워서 초보자는 많은 숙련이 필요하다. 또한 이 문법은 까다로워서 여러 번 컴파일을 반복해야 하므로 강력하지만 쓰기엔 복잡하다. 반면에 Perl은 매우 간단하면서도 단순한 문법 구조를 가지고 있어서 코드의 양이 적고 구현이 단순하다. 또한 윈도우 환경에서 프로그래밍을 간단하게 구현할 수 있다. C가 가진 여러 가지 기능을 구현하기에도 Perl의 문법은 아주 간단하다. 결론적으로 Perl은 C보다 단순하면서 강력한 문법 구조를 갖고 있어서 구현이 쉽다. 이러한 점 때문에 Perl 개발자 커뮤니티가 잘 발전하였다. Perl 개발자들은 자신이 작성한 여러 API(Application Programming Interface) 개발 모듈을 서로 공유한다. 이런 공유문화는 웹을 중심으로 한 커뮤니티에서 발전하였는데 www.cpan.org라는 사이트를 중심으로 활성화되고 있다.

1.4 Perl 관련 사이트 및 관련 서적

Perl은 인터넷을 통해 웹사이트에서 다운로드 받아 설치할 수 있다. 다운로드 사이트는 http://www.activestate.com이다. 이곳을 방문해서 자기 PC의 운영체제에 맞는 버전을 골라서 다운로드 받으면 된다. 윈도우를 운영체제로 사용하면 윈도우용 Perl을 다운로드 받고 Mac 운영체제나 리눅스 또는 Sun Solaris를 사용하면 해당 운영체제용 Perl을 다운로드 받으면 된다.

이 외에 중요한 사이트로는 Perl과 관련된 모듈을 사용자들끼리 공유하는 곳이 있다. 모듈이란 어떤 프로그램을 필요할 때마다 만들지 않고 한 번 만들어 반복해서 사용할 수 있도록 한 것이다. 예를 들어서, 통계를 위해서 프로그램을 작성한다면 통계의 기본이 되는 빈도나 평균을 구하는 프로그램을 필요할 때마다 만들지 않고 기존의 것을 재사용한다면 편리할 것이다. 즉, 빈도나 평균 산출용 프로그램을 모듈로 만들어서 반복 사용하는 것이다. 이와 같은 모듈을 필요로 하는 사람들을 위해서 미리 작성한 것을 공유하는 사이트는 Perl 개발자의 공유 자원이다. Perl과 관련된 공유 사이트는 http://www.cpan.org이 있다. 이 사이트를 방문하면 여러 모듈을 구할 수 있다. Perl의 장점은 바로 이러한 모듈의 공유에 있다. 필요한 것을 모두 직접 만든다는 것은 낭비이므로 필요한 것을 다운로드해 설치하기만 하면 된다. 또 내가 만약 좋은 프로그램 모듈을 작성했다면 이 사이트에 올려서 서로 공유할 수도 있다.

그 외에 잘 알려진 해외 사이트로는 http://www.perl.com과 http://www.perlmonks.org가 있다. Perl 프로그래밍에 관련된 지식과 정보를 서로 공유하기 위해서 만든 사이트이다. 국내에는 Perl 사용자 모임인 http://www.perl.or.kr과 http://www.perlmania.or.kr과 같은 사이트가 있다. 이들 사이트에는 간단한 Perl 문법과 사용법, 자주 사용되는

Perl 프로그램 예제도 있다. 그리고 Perl 프로그램을 작성하면서 모르는 점도 사이트에 올려 놓으면 답변을 얻을 수 있다. 요즘은 인터넷 시대이므로 인터넷을 적극적으로 활용하는 자세가 필요하다.

Perl과 관련된 책으로는 국내에 번역되어 있는 것들이 몇 권 있다. 그 중 입문서로는 'Perl 제대로 배우기(Schwartz 외 저, 김영식·강윤석 역, 한빛미디어 1999)'가 좋고 Perl의 저자 Larry Wall이 직접 저술한 'Perl 프로그래밍(Larry Wall 외 저, 김영식 외 역, 한빛미디어 1998)'과 Perl 프로그래밍의 기술을 소개한 '펄 쿡북(Christiansen 외 저, 안계용 역, 한빛미디어 2000)'이 좋다. 또 번역은 되지 않았지만 Perl 프로그램의 많은 예제를 모아 놓은 'Perl by example(Quigley 저, Prince-Hall 2002)'은 풍부한 예제로 인해 프로그래밍에 큰 도움이 된다. 그 외에 매우 얇은 책이지만 프로그래밍에 눈을 뜬 사람이라면 'A little book on Perl(Sebesta 저, Prince-Hall 2000)'을 권고한다.

언어학자에게 유익한 책으로는 University of Arizona의 언어학과 교수인 Micheal Hammond가 지은 'Programming for Linguists: Perl for Language Researchers(Blackwell Publishing 2003)'가 있다. Perl과 관련된 파싱 및 언어처리 기법을 이해하기 위해서는 'Pro Perl Parsing(Frenz 저, Apress 2005)'을 참조하는 것이 좋다. 또한 고급 프로그래머이며 Perl을 통한 알고리즘 개발에 관심이 있다면 Dominus의 'Higher-Order Perl: Transforming Programs with Programs(Morgan Kaufmann 2005)'을 추천한다. 보기 좋은 프로그래밍을 선호하는 사람보다 프로그래밍 작업 자체를 좋아하는 사람들에게는 이 책을 특히 더 권하고 싶다.

2부. Perl 문법

Perl 문법

2.1 스칼라데이터

2.1.1 Hello World!!!

Perl을 활용한 가장 간단한 프로그램은 화면에 원하는 메시지를 프린트하는 것이다. 처음 만나면 서로 인사를 하듯이 세상과 처음 인사를 하려면 영어로 "Hello World!!!"라고 말할 것이다. 화면에 "Hello World!!!"라고 말하려면 다음과 같이 입력하면 된다.

```
① #!perl -w
② print "Hello World!!!";
```

프로그램은 ①을 맨 처음에 실행하고 ②를 다음에 실행한다. ①은 Perl을 시작하면서 이후 에러가 발생할 경우 에러 메시지를 화면에 나타낸다는 의미이다. ②는 화면에 "Hello World!!!"을 출력하게 만든다. 실행문의 한 줄이 끝나면 항상 ;(세미콜론)을 써서 해당 줄이 끝났음을 알려준다.

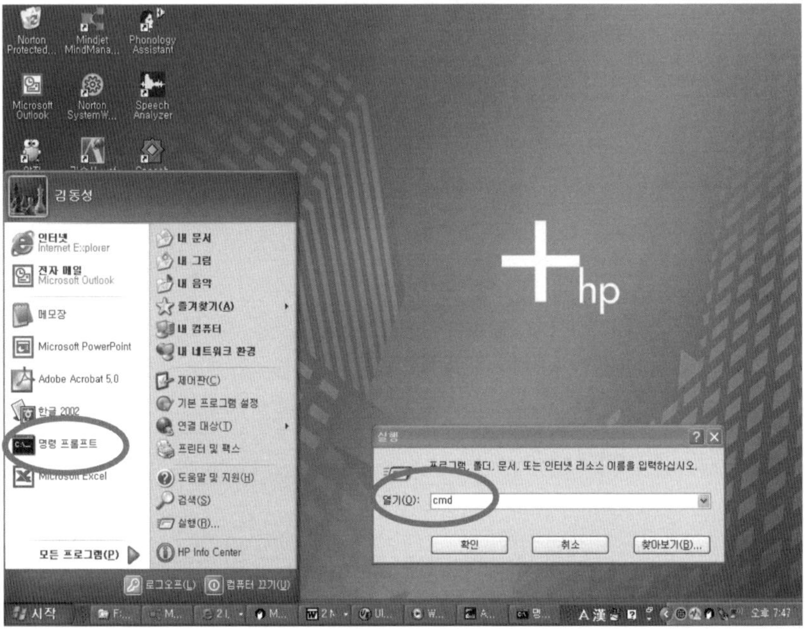

Perl을 구동하려면 어떻게 해야 할까? Perl은 윈도우 화면에서 작동하지 않고 명령 프롬프트 창에서 실행해야 한다. 명령 프롬프트 창을 윈도우에서 작동시키려면 위 화면에서 '명령 프롬프트'를 클릭하거나 '실행'에 'cmd'라고 입력하면 된다. 이와 같이 실행하면 명령어가 입력되면서 새로운 창이 떠오른다. 이 창이 도스라는 것인데 도스는 영어로 DOS이고 Disk Operating System의 약자이다. 도스는 운영체계를 가리키는데 윈도우가 개발되기 이전에 만들어졌다. 이 도스창에서는 커서가 깜빡 깜빡 거리면서 대기 상태에 있는데 이 커서를 프롬프트(prompt)라고 한다. 이 프롬프트 상태에서 Perl을 구동시킨다. Perl을 구동시키려면 'perl [perl 프로그램이름].pl'이라고 입력한다. 아래 그림은 도스창에서 Perl 프로그램 구동 명령을 입력한 예를 보여 준다.

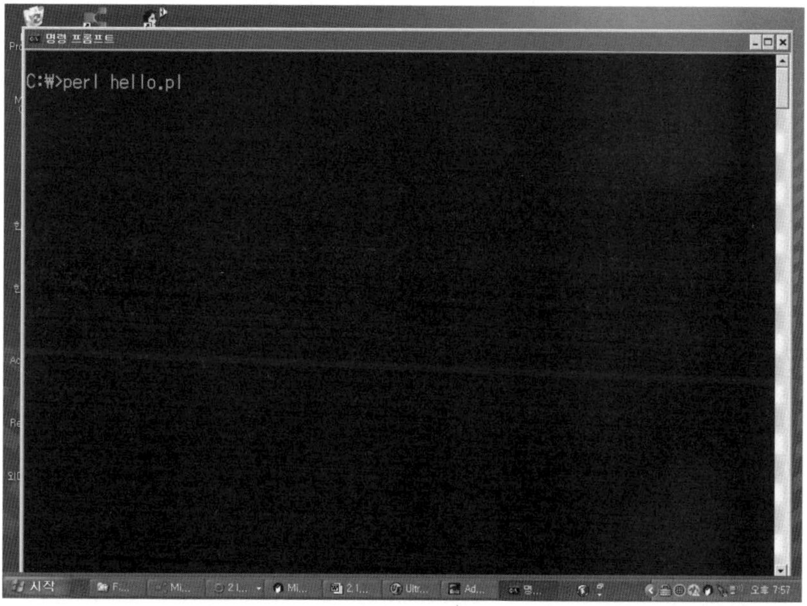

아주 단순한 것이지만 처음 실행을 하는 사람들에게는 쉽지 않을 것이다. 특히 도스 명령 프롬프트의 사용법을 이해하지 못하는 사람들에게는 어려운 일이다. 여러 번 반복적으로 연습하여서 Perl 프로그램을 구동하는 방식을 숙달하기 바란다.

아주 간단한 프로그램인 "Hello World!!!"를 화면에 프린트하는 경우에도 프로그램의 형식을 이해하면 스칼라 데이터의 양식이 숨어 있는 것을 알 수 있다. 스칼라데이터는 Perl 프로그램에서 가장 기본이 되는 데이터 양식으로 문자열이나 숫자를 나타낸다. 화면에 "Hello World!!!"라고 출력을 하려면 다음과 같은 명령어를 활용하면 된다.

```
print "Hello World!!!"
```

또는 문자열을 다른 스칼라데이터로 치환해서 아래와 같이 프로그램을 작성할 수도 있다.

```
① #!perl -w
② $a = "Hello World!!!";
③ print $a;
```

이처럼 "Hello World!!!"를 $a로 치환하여도 결과적으로 똑 같은 출력을 만들어 낼 수 있다. Perl에서 스칼라데이터는 이와 같이 프로그램에서 사용하는 데이터 양식을 가리킨다.

다음 절에서는 Perl 프로그램에서 데이터를 다루는 방법에 대해서 시작하기로 하자. 이제 Perl을 활용해서 세상에 인사를 하였으니 본격적으로 Perl을 다루어 보도록 하자.

2.1.2 스칼라 데이터

스칼라데이터는 Perl에서 데이터를 지정하는 방식을 나타낸다. 데이터의 양식은 숫자와 문자열 및 레퍼런스 중 하나이다. 숫자나 문자열은 일상적인 숫자나 문자의 스트링을 말한다. 가령 '0, 1, 2, 3'이나 '0.1, 24.90'과 같은 것이 숫자이고 문자열은 '철수, john, sdjkekdle'와 같은 것이다. 레퍼런스는 실제 메모리에 할당되는 주소를 말한다. 레퍼런스는 2.6절에서 자세히 논의하게 될 것이다.

수학시간에 변수와 상수에 관한 개념을 공부한 적이 있을 것이다. 변수는 정해지지 않은 값이고 상수는 정해진 값이다. 예를 들어서 '3, 4, 5, 9.098, 3/4'와 같은 것은 정해진 값이지만 '*x*, *y*, *adh*, *dsff*, …'와 같은 것은 정해지지 않은 값이다. 전자는 상수이고 후자는 변수이다. Perl에서 스칼라데이터는 변수를 지정하는 방식을 말한다. Perl에서 스칼라데이터를 활용하기 위해서는 변수 앞에 $표시를 붙이고 값을 지정하려면 아래와 같이 한다.

```
$a = 2;
```

이와 같이 $a는 변수 a를 스칼라 데이터로 지정하고 $a의 값에 2를 대입하였다. 숫자 이외에 문자열도 지정할 수 있다. 문자가 이어져 있는 문자열도 아래와 같이 스칼라데이터로 지정할 수 있다.

```
$b = "Perl is easy!!!";
```

변수는 다양하게 활용될 수 있다. 예를 들어, print 함수는 화면이나 파일에 값을 출력하는 함수인데, 다음처럼 변수를 활용할 수 있다.

```
① $a = 2;
② $b = 3;
③ print "$a";
④ print "$b";
```

이 프로그램에서 ③과 ④는 각각 2와 3을 출력하게 된다.

Perl의 스칼라데이터는 다른 프로그래밍 언어의 데이터형과 다르게 복잡하지 않다. C 언어는 데이터 형이 기본적으로 문자형, 정수형, 실수형으로 나뉜다. 따라서 C 언어의 경우에 데이터 형을 구분해야 하는데, Perl의 경우에는 구분할 필요성이 없다. 정수형으로는 E나 e를 활용해서 나타낼 수 있으며 문자는 헥사(16진법)나 옥탈(8진법) 코드로 작성된 것도 가능하다. 아래와 같은 변수도 스칼라데이터로 표현할 수 있다. 숫자에 밑줄 이 있는 경우에는 밑줄을 무시한다. '3_296_342'는 '3,296,342'와 같다.

```
3.7  37  3E7  3e7  .3E7  3.E7  3E-7  0x2aff  0xAA3  0276  077
```

문자열은 ''(작은 따옴표)에 들어 있는 경우와 ""(큰 따옴표)에 들어 있는 경우가 다르다. "" 안에 있는 변수는 변수를 문자열로 치환하여서 처리하지만 '' 안에 있는 문자열은 해당 변수의 내용을 치환한다.

```
① $a = "Perl is not easy!!!";
② $b = "$a";
③ $c = '$a';
```

위의 프로그램에서 ②에서는 $a가 대입되지만 ③에서는 "Perl is not easy!!!"는 문자열이 입력이 된다.

또한 ''는 문자열을 지정하는 데 활용된다. 만약 문자열 안에 '(따옴표)를 그대로 사용하는 경우에는 \(백슬래시; backslash)로 지정해야 한다. 예를 들어, 'can't'를 프린트하기 위해서는 아래와 같이 \를 해당 부분 앞에 넣어 바로 뒷부분이 문자임을 나타내야 한다. 다른 방법으로는 ^를 사용하여 시작과 끝을 표시하기도 한다.

```
'can\'t'        q^can't^
```

문자열의 서식을 지정해서 프린트하는 경우에는 특정한 형태를 취해야 한다. 프린트 함수는 print 이외에 printf, sprintf가 있다. print 함수가 일반적이고 보편적인 출력 함수라면 printf는 일정한 형태로 출력을 하는 함수이다. 0.08345는 소수점 5자리로 되어 있다. 만약 소수점 2자리까지만 출력하려면 다음과 같이 지정하면 된다.

```
① $a = 3.45278;
② printf("%8.2f"  $a);
```

위의 프로그램의 출력은 3.45가 된다. 여기서 '%8.2f'는 소수점 이상 8자리와 소수점 이하 2자리까지만 출력하는 것을 말한다. sprintf는 일정한 형식으로 변수 값을 문자열에 지정하는 함수이다.

```
① $string = sprintf("The name is %10s and the number is %8.2f\n"
   "John" 33.2331);
② print "$string";
```

위 프로그램의 출력은 'The name is John and the number is 33.23'이 된다. 이처럼 sprintf는 문자열의 형식을 지정해서 입력하게 된다.

프린트의 서식을 지정하는 방식은 아래와 같이 다양하다.

서식	의미	예
%d	소수점이 없는 정수 표현	1 2 3 -45
%x	정수를 16진수로 표시	1 a
%X	정수를 16진수로 표시하고 대문자로 전환	1 A
%f	실수로 표시	1.0234
%c	정수를 ASCII 코드표에 대응하는 문자로 표시	A a
%s	문자열을 표시	A bbba

프린트 함수에서 특별한 문자열이 필요한 경우가 있다. 가령 'tatatata'와 탭키(tab key)가 포함된 'tata tata'는 다르다. 이와 같이 탭키 등을 포함한 내용을 출력하는 특수한 문자가 있다. 이러한 특수 문자는 \ 뒤에 사용한다.

표기	의미
\n	새로운 줄 바꾸기
\t	탭키
\f	폼피드
\b	백스페이스
\a	벨
\e	이스케이프

2.1.3 연산자

수치 연산에 활용되는 연산자는 덧셈, 뺄셈, 곱셈, 나눗셈, 나머지와 지수가 있다.

연산자	예	내용
+	2+3	2 더하기 3
-	3-2	3 빼기 2
*	4*5	4 곱하기 5
**	4**5	4의 5승
/	6/2	6 나누기 2
%	10%3	10을 3으로 나눈 나머지

변수에 값을 대입하기 위해서 '$a = $a + 2'와 같이 =를 중심으로 왼쪽에 해당 변수를 놓고 오른쪽에 대입 값을 넣는 방식을 사용한다. 이것은 '$a에 2를 더하여 다시 $a에 대입한다'는 의미이다. 이를 다른 형태로 아래와 같이 기술할 수도 있다.

```
$a += 2;
```

위의 기술은 '$a에 2를 더하여 대입한다'라는 의미이다. 이와 같은 방식의 연산은 아래와 같은 종류가 있다.

연산자	예	내용
+=	$a +=2	$a에 2를 더하여 대입하라.
-=	$a -=2	$a에 2를 빼서 대입하라.
*=	$a *=2	$a에 2를 곱하여 대입하라.
/=	$a /=2	$a에 2로 나누어 대입하라.
%=	$a %=2	$a에 2를 나누어 그 나머지를 대입하라.

연산자 중에는 증감 연산자도 있는데, 1씩 증감하는 연산자를 말한다.

```
① $a++;      ++$a;
② $a--;      --$a;
```

위에서 ①과 ②는 각각 '$a를 1씩 증가시켜라' 또는 '$a를 1씩 감소시켜라'의 의미이다. 이 방식은 기호를 앞에 쓰는가와 뒤에 쓰는가에 따라서 의미가 다르다. 이것은 프로그래머들이 필히 기억해야 할 매우 중요한 사항으로 현재 값이 어떻게 증가되는지 항상 신경 써야 한다.

```
$a = 1;
$b = $a;
$b = ++$a;
```

위의 경우에 '$b'는 2가 된다. 즉 '$a'가 이미 증가했으므로 값이 2가 된다. 그러나 아래의 경우에는 값이 여전히 1이 된다.

```
$a = 1;
$b = $a;
$b = $a++;
```

'$a'가 증가는 되지만 '$b'는 여전히 1이다. '$b'가 '$b = $a++;'을 벗어나야 1이 더 증가하게 되기 때문이다. 이러한 증감 연산은 다른 연산과도 결합해서 사용할 수 있다. 예를 들어서, '$a++*2'와 같이 사용할 수 있다.

비교 연산도 연산에 포함된다. 비교 연산은 값을 연산하는 것이 아니고 값이 같은지, 작은지, 큰지를 살펴보는 것이다. 비교 연산에는 아래와 같은 종류가 있다.

연산자	예	내용
==	$a == $b	$a와 $b는 같다.
<	$a < $b	$a는 $b보다 작다.
>	$a > $b	$a는 $b보다 크다.
<=	$a <= $b	$a는 $b와 같거나 작다.
>=	$a >= $b	$a는 $b와 같거나 크다.
!=	$a != $b	$a와 $b는 같지 않다.
<=>	$a <=> $b	$a가 $b보다 작으면 -1, $a와 $b가 같으면 0, $a가 $b보다 크면 1로 연산된다.

위의 표는 숫자를 비교하기 위한 연산이다. 문자열은 문자 코드 번호를 통해서 비교하는데, 보통 ASCII 코드표를 통해서 비교한다. 문자 A, B와 C는 아래와 같은 ASCII 코드 번호를 갖고 있다.

```
A: 65    B: 66    C: 67
```

문자 A와 문자 B는 ASCII 번호로 비교된다. A는 B보다 작고, B는 C보다 작다. 문자열 비교 연산자에는 아래와 같은 것이 있다.

연산자	예	내용
eq	$a eq $b	$a와 $b는 같다.
lt	$a lt $b	$a는 $b보다 작다.
gt	$a gt $b	$a는 $b보다 크다.
le	$a le $b	$a는 $b와 같거나 작다.
ge	$a ge $b	$a는 $b와 같거나 크다.
ne	$a ne $b	$a와 $b는 같지 않다.
cmp	$a cmp $b	$a가 $b보다 작으면 -1, $a와 $b가 같으면 0, $a가 $b보다 크면 1

이 외에도 연산에는 논리 연산과 조건 연산, 범위 연산 등이 있다. 논리 연산은 논리적으로 조건이 맞는지 틀리는지를 연산하게 된다.

<table>
<tr><th>연산자</th><th>예</th><th>내용</th></tr>
<tr><td>&&/and</td><td>($a 〉= 10) && ($a 〈50)</td><td>$a는 10 이상이고 50 미만</td></tr>
<tr><td>||/or</td><td>($a 〈= 10) || ($a 〉50)</td><td>$a는 10 이하 또는 50 미만</td></tr>
<tr><td>!/not</td><td>!($a == 10)</td><td>$a는 10이 아니다</td></tr>
</table>

조건 연산은 '? :'으로 표시되는데 주어진 두 값 중 하나를 선택하게 된다.

```
$a = ($b 〈 10) ? 20 : 30;
```

위의 조건 연산은 '$b의 값을 10과 비교해서 10보다 작은 경우는 20으로 큰 경우는 30으로 선택한다'의 의미를 지닌다. :(콜론: colon)을 중심으로 참인 경우는 왼쪽을 선택하고 거짓인 경우는 오른쪽을 선택한다.

범위 연산은 ..으로 표시되는데 왼쪽 값에서 오른쪽 값으로 하나씩 증가시킨 값의 집합이다.

```
① print 3..5;
② print "A".."Z"
```

위에서 ①은 3, 4, 5를 프린트하는 것이고, ②는 A에서 Z까지 화면에 프린트한다.

지금까지 소개한 연산자들이 일렬로 정렬되어 있을 때, 연산의 순서가 있다. 연산자의 순서는 수학 시간에 배운 연산 순서와 동일하다. "x + y × z"와 같은 연산이 있다면 연산의 순서는 ×, +의 순이다. 이와 마찬가지로 프로그램에서도 연산자들의 처리 순서가 있다.

우선 순위	연산자
1	( ) [ ] { }
2	-〉
3	++ –
4	**
5	!~ + -
6	=~!~
7	*/%x
8	+ - .
9	〈〈〉〉
10	-r -w -x -o
11	〈 〉 〈= =〉 lt gt le ge
12	== != 〈=〉 eq ne cmp
13	&
14	| ^
15	&&

<table>
<tr><th>우선 순위</th><th>연산자</th></tr>
<tr><td>16</td><td>||</td></tr>
<tr><td>17</td><td>..</td></tr>
<tr><td>18</td><td>? :</td></tr>
<tr><td>19</td><td>= += -= *= /= %=</td></tr>
<tr><td>20</td><td>=></td></tr>
<tr><td>21</td><td>not</td></tr>
<tr><td>22</td><td>and</td></tr>
<tr><td>23</td><td>or xor</td></tr>
</table>

2.1.4 간단한 입력과 출력

프로그램은 입력과 출력 처리의 구조로 되어 있다. 입력을 출력으로 변환하는 장치가 프로그램이다. Perl의 경우에 가장 간단한 입력은 키보드를 통한 것이다. 이것은 프로그램 내부적 입력은 없고, 프로그램이 구동되면서 입력을 기다리고 있다가 키보드를 통해서 입력되면 이를 처리하는 형태를 말한다. Perl에서는 이러한 입력을 위해서 〈STDIN〉이라는 특정한 변수를 사용한다.

```
$new_input = <STDIN>;
print $new_input;
```

여기서 〈STDIN〉에 의해 수행되는 입력은 키보드를 통해서 이루어진다. 입력과 반대로 출력에 해당하는 것은 〈STDOUT〉이다. 위의 프로그램 구조는 파일을 처리하는 데에 활용된다. 가장 간단한 출력은 print 함수를 활용하는 것이다. print 함수를 활용해서 문자열이나 숫자를 표시하는 스칼라데이터를 출력할 수 있다.

2.1.5 간단한 스칼라데이터 처리 함수

일반적으로 함수는 일련의 입력을 일정한 형태의 출력으로 바꾸어 주는 기능을 말한다. 예를 들어, 'y = x + 2'라는 함수는 모든 입력된 x에 2를 더해서 출력 y로 변환한다. Perl에는 연산을 간단하게 하기 위해서 기본적인 문자열 처리 함수가 내장되어 있다. 예를 들어서, 대문자를 소문자로 바꾸어 주는 함수는 lc이다. 아래의 프로그램은 출력되는 모든 문자를 소문자로 바꾼다.

```
$str = "The Perl is not eAsy";
lc($str);
print $str;
```

위의 프로그램에서 '$str'은 'the perl is not easy'로 출력 된다. 이와 같은 내장 함수는 프로그래머의 수고를 덜어 준다. 만약 대문자를 소문자로 바꾸는 함수를 직접 만든다고 하면 프로그래머가 고려해야 할 사항은 매우 많다. 입력되는 문자가 대문자인지 소문자인지, 또는 입력되는 문자가 대문자이면 해당 소문자는 무엇인지 등의 자질구레한 것들을 고민해야 한다. 그러나 Perl에는 기본적으로 이와 같은 lc 함수가 내장되어 있으므로, 프로그래머의 수고를 덜 수 있다. 따라서 내장 함수의 활용은 프로그래머에게 필수적이다. 특히 Perl은 좋은 문자열 처리 함수를 가지고 있으므로 잘 알아두면 매우 요긴하게 활용할 수 있다.

문자열의 마지막 문자를 제거하는 함수는 chop 함수이다.

```
$fruit = "apples";
chop($fruit);
```

이 경우에 '$fruit'의 apples는 s가 제거되고 apple로 바뀌게 된다. 이와 유사한 것으로 입력되는 문자열에서 한 줄을 바꾸어 쓰는 문자인 리턴키를 삭제하는 함수가 있다. 만약 '$str'이라는 스칼라데이터가 아래와 같다면 그 출력은 리턴키를 포함하고 있을 것이다.

```
$str = "어제는 집에 갔다.
        나는 집에 가서  짐을 풀었다.";
print $str;
```

그런데 이러한 리턴키는 가끔씩 일정한 출력이나 입력을 조절하기 위해서 삭제되어야 하는 경우가 있다. 이 경우에 chomp 함수를 활용한다. 아래에서 출력 결과에 리턴키가 없다.

```
$str = "어제는 집에 갔다.
        나는 집에 가서 짐을 풀었다.";
chomp($str);
print $str;
```

ord 함수는 문자의 해당 ASCII 코드 번호를 알려준다. 또는 문자열의 맨 처음 문자의 ASCII 코드 번호를 알려준다. ord("apples")는 a의 ASCII 코드 번호인 97을 알려준다. 이 외에도 헥사코드 값을 알려주는 hex 함수도 있다.

문자나 문자열의 위치를 알려주는 함수는 두 가지가 있는데, 왼쪽에서 오른쪽으로 찾아서 알려주는 함수는 index이고 오른쪽에서 왼쪽으로의 위치를 알려주는 함수는 rindex이다. 문자열의 처음은 0부터 시작된다. 만약 해당 문자나 문자열이 없으면 -1을 출력하게 된다.

```
index("apples" , "p") → 1
rindex("apples" , "p") → 2
index("apples" , "q") → -1
```

다른 종류의 함수로 일정한 지점에서 일정한 길이만큼의 문자열을 추출하는 것도 있다. 이는 substr라는 함수로 구성은 substr(문자열, 찾는 위치, 추출 길이)로 되어있다. 만약 문자열이 fruit이라면 substr("fruit", 0, 3)은 문자열의 처음에서부터 3개의 문자를 추출하므로 fru가 된다.

문자열을 합치는 함수로는 join이 있다.

```
$name = "john";
$birth = "03/27/70";
$address = "10 Maple St.";
print join(":", $name, $birth, $address); → john:02/27/70:10
  Maple St.
```

위는 문자열 스칼라데이터 변수를 구분자(classifier)인 :으로 합치게 되는 문자열 연결 방식(string concatenation)을 보여준다. Perl에서는 join이라는 함수 사용 이외에도 아래와 같은 방식을 활용할 수 있다.

```
$name = "john";
$birth = "03/27/70";
$address = "10 Maple St.";
$string_concatenation = $name . ":" . $birth . ":" . $address;
```

이 방식도 join 함수를 활용한 것과 동일한 출력을 만들어 낸다.

2.1.6 연습문제

1 논리연산을 활용해서 윤년이 되는 조건을 만족하는지를 검사하는 프로그램을 작성하시오. 윤년이 되기 위해서는 아래의 조건을 만족해야 한다. [쉬움]

① 연도가 4로 나누어 떨어진다.
② 연도가 100으로 나누어 떨어지는 해는 제외한다.
③ 연도가 400으로 나누어 떨어지는 경우는 포함한다.

2 아래의 문장들을 출력하는 프로그램을 작성하시오. [쉬움]

어순: 주어 - 동사 - 목적어
주어 또는 목적어 → John, Mary, Joe
동사 → meets, greets, likes
가능한 문장

John meets Mary.
John meets Joe.
Mary greets John.
....

2.2 배열

2.2.1 배열이란?

배열은 여러 개의 데이터를 모아서 처리할 수 있는 데이터 구조를 말한다. 이전 장에서 학습한 스칼라데이터는 한 개의 데이터만 가지고 있다. 가령 '$a = 1'이라는 것은 $a에 1이라는 데이터를 저장하는 것을 나타낸다. 반면에 배열은 여러 개의 데이터를 하나의 구조에서 취급하게 된다.

여러 개의 데이터를 모아 놓는 것은 리스트 방식으로도 처리할 수 있다. 이것은 여러 개의 스칼라데이터를 모아놓는 것으로 다음과 같이 만들어 질 수 있다.

```
($a, $b) = (1, 2);
```

이 방식은 '$a'와 '$b'에 각각 1과 2를 대입하는 것이다. 이와 같이 여러 개의 스칼라데이터를 한 번에 처리하는 방식을 리스트 방식이라고 한다. 리스트를 만드는 방법은 여러 개의 기억장소를 만들어서 해당 기억 장소에 각각 저장하는 것이다. 위의 프로그램은 '$a'와 '$b'라는 기억 장소를 만들어서 각각 1과 2를 대입한다.

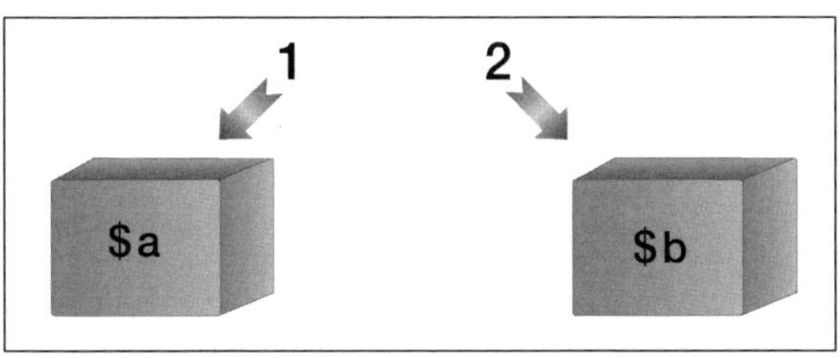

반면에 배열은 리스트 전체에 이름을 붙이는 것으로 대량의 데이터를 취급하거나 복수의 데이터를 순차적으로 읽어 낼 때 사용한다. 배열을 사용하는 방식은 아래와 같다.

```
@a = (1, 2, 3);
```

배열 이름 앞에는 @를 붙인다. 이 배열의 이름은 a이고 방이 3개가 설정되어 있으며 각각의 방에는 1, 2, 3이 저장된다. Perl의 경우에 배열의 각 방은 스칼라데이터로 구성되므로 문자, 숫자나 문자열을 모두 대입할 수 있다.

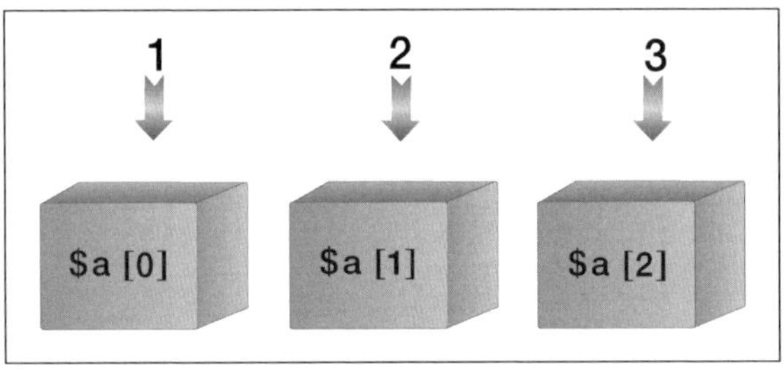

배열의 각 방은 $a[방번호]로 설정된다. 첫 번째 방은 $a[0]이 된다. 두 번째 방은 $a[1]이 된다. 배열의 첫 번째가 0으로 시작되는 것은 매우 중요하다. 프로그래밍을 처음 시작하는 사람들은 첫 번째 방을 1로 지정하는 경우가 흔히 있다.

2.2.2 배열의 활용

배열의 각 요소들은 일반 스칼라데이터처럼 참조하고 대입할 수 있다. 각 요소들을 참조하기 위해서는 $배열명[방번호(첨자)]의 형식을 사용한다.

```
@Weekdays = (Monday, Tuesday, Wednesday, Thursday, Friday, Saturday Sunday);
print $Weekdays[2];
```

여기서 결과는 'Wednesday'이다. 이전에서도 설명했듯이 3번째 방인 'Wednesday'가 '$Weekdays[2]'의 값이 된다.

배열의 각 요소에는 값이 대입될 수 있다.

```
my @a ;
$a[0] = 1;
$a[1] = 2;
$a[2] = 3;
print $a[1];
```

위에서 $a[1]의 값은 2이다. 배열의 방식을 사용하거나 리스트로 만든 변수에 배열의 요소를 차례로 대입할 수 있다.

```
@a = (1, 2, 3);
($a, $b) = @a;
```

위에서 '$a'에는 1이 '$b'에는 2가 대입된다. $a[2]인 3은 대입되지 않는다. 리스트의 수와 배열의 수가 다르더라도 상관은 없다. 표준입력 전체를 배열로 입력 받을 수도 있다.

```
@a = <STDIN>;
```

이 경우에 키보드를 통한 입력이 모두 배열 @a에 저장되게 된다.

2.2.3 배열 내부 지시

배열의 첨자는 0, 1, 2, …으로 세어갈 수도 있으나 마지막 요소를 -1로 연산하고 나머지를 거꾸로 세어갈 수도 있다.

```
@a = (1, 2, 3) ;
print $a[-1] ;
print $a[-2] ;
print $a[-3] ;
```

위에서 출력되는 값은 3, 2, 1이 된다. 이러한 방식은 배열의 방이 너무 많아서 마지막 방의 첨자를 모르는 경우에 활용하면 편리하다.

배열의 마지막 방의 첨자를 모르는 경우에는 $#를 활용할 수도 있다.

```
@a = (1, 2, 3) ;
print $#a ;
```

이 경우에 $#a의 값은 2를 출력한다. 마지막 방은 $a[2]이므로 2를 출력하게 된다. 배열 내부 지시는 간단하지만 알아두면 매우 용이하게 활용할 수 있다.

2.2.4 배열 관련 함수

배열의 일부분만을 지시하는 함수 방식을 슬라이스(slice)라고 한다. 이 방식은 배열의 시작과 끝을 지정하여서 전체 배열에서 일부 배열만을 지시한다.

```
@a = (1, 2, 3, 4, 5, 6) ;
@a_3  = @a[0, 1, 2];
@a_3  = @a[3..5]
```

@a[0, 1, 2]는 배열 @a의 첫 번째 방에서 세 번째 방까지를 지시하게 된다. @a[3..5]와 같이 나타내면 네 번째 방에서 여섯 번째 방까지를 지시한다.

배열은 ,(쉼표)로 구성원을 구분한다. 쉼표를 활용하지 않고도 배열 구성원을 구분할 수 있는데, 이 때 활용하는 것이 quote operator인 qw이다.

```
① @a = (1, 2, 3, 4, 5, 6) ;
② @a  = qw (1 2 3 4 5 6) ;
```

위에서 ①과 ②는 동일하다.

또 다른 함수로 foreach가 있다. 이 함수는 배열의 모든 요소를 나열하는 역할을 한다. Perl에서 매우 자주 사용되는 함수로 배열을 하나의 스칼라데이터로 불러오게 된다.

```
foreach [스칼라데이터] (배열명) {
          ...............
}
@a  = (1, 2, 3, 4, 5);
foreach $a(@a) {
          print "$a\n";
}
```

위의 예에서 화면에 출력되는 것은 배열의 모든 요소인 1, 2, 3, 4, 5이다. 여기서 '$a'와 '@a'는 다른 데이터를 가리키게 된다.

배열 요소를 뒤바꾸는 함수는 reverse가 있다.

```
@name = ("철수", "영희", "순희");
@rev_name = reverse @name;
print "@rev_name\n";
```

위의 함수를 적용하면 다음과 같이 화면에 출력된다.

```
순희 영희 철수
```

배열 요소를 정렬하는 함수도 있다. sort 함수인데 숫자나 문자열 등을 낮은 것에서 높은 순으로 정렬한다.

```
@names = ("Bill", "Adam", "Kay", "John");
@sorted_names = sort @names;
print "@sorted_names\n";
@list_numbers = (1, 3, 19, 2, 20);
@sorted_list_numbers = sort @list_numbers;
print "@sorted_list_numbers\n";
```

위의 프로그램에 의하면 다음과 같이 화면에 출력될 것이다.

```
Adam Bill John Kay
1 2 3 19 20
```

문자열에서 가장 큰 문제가 되는 것은 개행문자(newline character)이다. 이 문자는 줄바꿈을 표시하는데, 컴퓨터는 잘 인식하지만 사람은 잘 인식하지 못한다. 반대로 말하면, 사람은 무의식적으로 사용하면서 문자로 인식하지 않지만 컴퓨터는 문자로 인식한다. 이렇게 이 문자는 처리나 인식에 불편함을 초래하므로 삭제해야 될 필요성이 있다. Perl에서는 두 가지 함수로 이 문자를 제거한다. 하나는 chop 함수이고, 다른 하나는 chomp 함수이다. chop 함수는 문자열의 마지막 문자를 제거하는 함수이고, chomp 함수는 문자열의 마지막 문자가 개행문자이면 제거하고 개행문자가 아니면 제거하지 않는다.

splice는 배열 요소의 지정된 부분을 제거하는 함수이다.

```
@colors = ("red", "green", "purple", "blue", "brown");
@discarded_colors = splice(@colors, 2, 2);
print "제거된 배열 요소는: @discarded_colors.\n";
print "남아있는 배열 요소는: @colors.\n";
```

위의 프로그램이 출력하는 것은 다음과 같다.

```
제거된 배열 요소는: purple blue
남아있는 배열 요소는: red green brown
```

배열에는 새로운 배열 요소를 추가하는 방법과 마지막 배열 요소를 제거하는 방법이 있다. 새로운 배열 요소를 추가하는 함수는 push이고 마지막 배열 요소를 제거하는 함수는 pop이다.

```
@names = ("Bill", "John", "Tom");
$poped_names = pop(@names);
print "@names \n";
push(@names, " Kim", " Kay")
print "@names \n";
```

위의 프로그램은 아래와 같이 출력한다.

```
Bill John
Bill John Kim Kay
```

shift 함수는 배열의 맨 처음 요소를 제거하고 unshift 함수는 지정된 수만큼의 요소를 배열의 첫 부분에 추가한다.

```
@names = ("Bill", "John", "Tom");
$poped_names = shift(@names);
print "@names \n";
unshift(@names, " Kim", " Kay")
print "@names \n";
```

위의 프로그램은 아래와 같이 출력한다.

```
John Tom
Kim Kay John Tom
```

마지막으로 소개할 함수는 split으로 Perl의 장점을 최대한 살린 함수이다. 이 함수는 텍스트 처리에 있어서 일련의 구분자에 의해서 텍스트를 잘라내는 함수이다. 활용하는 방식은 다음과 같다.

```
split  /잘라내는 패턴/, 표현식, 잘라낸 데이터의 양
split  /잘라내는 패턴/, 표현식
split  /잘라내는 패턴/
split

@fruits = split /,/  "apples, grapes, pineapples, orages", 3;
```

위의 프로그램은 @fruits=("apples", "grapes", "pineapples, organge")만 저장할 것이다. split는 먼저 데이터를 ,(쉼표)에 의해서 잘라낸다. 앞에서 세 개만 잘라내므로 apples과 grapes는 분리되지만 pineapples와 orange는 분리되지 않고 하나의 데이터로 간주된다.

```
@chars = split // , "apples" ;
```

이 경우에 '@chars'에는 a, p, p, l, e, s가 남게 된다. 이와 같이 'split // ,'는 알파벳 단위로 잘라내는 역할을 하게 된다. 이 함수는 기본적으로 텍스트 처리에서 매우 광범위하게 활용되는 것으로 자세히 알아두면 유용하다.

2.2.5 연습문제

1 foreach 함수를 활용해서 자음과 모음을 구분하는 프로그램을 작성하시오. [쉬움]

① @consonants = ('b', 'c', 'd', 'f', 'g', 'h', 'j', 'k', 'l', 'm', 'n', 'p', 'q', 'r', 's', 't', 'v', 'w', 'x', 'y', 'z');
② @vowels = ('a', 'e', 'i', 'o', 'u');
③ $abab = 'baby';

2 다음의 데이터에서 사람 이름과 전화번호를 split 함수를 활용해서 추출하고 이를 정리하여 데이터베이스화 하시오. [쉬움]

DATA

김철수: 011-376-0987 서울시 동대문구 이문동 23-234
이영순: 02-2345-0987 서울시 동대문구 이문동 231-221

(정리방식)

김철수 011-376-0987
이영순 02-2345-0987

2.3 제어구조

2.3.1 if/unless

제어구조는 프로그램의 흐름을 조절하는 역할을 한다. 제어구조에서 if문은 가장 기본적인 형태이다. 단순한 예를 들어 보자. 코끼리를 냉장고 넣어야 하는 경우에 어떠한 방식을 취해야 할까? 이를 순차적으로 나타내면 다음과 같을 것이다.

① 냉장고 문을 연다.
② 코끼리를 넣는다.
③ 냉장고 문을 닫는다.

②에서 코끼리를 냉장고에 넣을 수 있는 경우는 문이 열려있을 때이다. 만약 냉장고의 문이 열리지 않는다면 코끼리를 넣을 수 없다. 마찬가지로 ③의 경우에도 코끼리를 냉장고에 넣었을 경우에만 문을 닫아서 작업을 종료할 수 있을 것이다. 따라서, 위의 순서에는 아래와 같은 조건이 붙어 있다고 보아야 한다.

① 냉장고 문을 연다.
② 만약 냉장고의 문을 열었다면 (즉, ①의 작업이 수행되었다면) 코끼리를 넣는다.
③ 만약 코끼리를 냉장고에 넣었다면 (즉, ②의 작업이 수행되었다면) 냉장고 문을 닫는다.

위의 ②와 ③은 제어구조에서 제어 표현을 통해서 다음과 같이 표현할 수 있다.

② if(냉장고의 문을 열었다.) {코끼리를 넣는다.}

③ if(코끼리를 넣었다.) {냉장고 문을 닫는다.}

비슷한 예로 나이에 따른 학년의 구분을 들어보자. 만약 8세에서 13세를 초등학생, 14세에서 16세를 중학생, 17세에서 19세를 고등학생, 20세에서 23세를 대학생이라고 규정한다면 다음과 같은 if문을 만들어 낼 수 있다.

```
if($age < 8) {
        print "취학전";
}
elsif(($age >=8)&&($age <=13)) {
        print "초등학생";
}
elsif(($age >=14)&&($age <=16)) {
        print "중학생";
}
elsif(($age >=17)&&($age <=19)) {
        print "고등학생";
}
elsif(($age >=20)&&($age <=23)) {
        print "대학생";
}
else{
        print "성인";
}
```

이러한 if문에서는 제어문의 내용이 충족되었을 때만 각각의 실행문이 처리될 수 있다. 실행의 구조는 맨 처음의 제어문을 if로 다음 if문을 elsif로, 제어문이 없는 경우를 else로 나타내도록 되어 있다.

```
if(제어문1) {
      실행문1;
}
elsif(제어문2) {
      실행문2;
}
......................
else {
      마지막 실행문;
}
```

이러한 형태의 제어문에서 제일 기본이 되는 것은 if문이다. if문이 변형된 경우가 unless문인데, unless문은 해당 경우를 제외한 다른 모든 경우를 처리하게 한다.

```
unless(제어문) {
      실행문;
}
```

여기서는 제어문이 나타내는 바가 아닌 경우에만 실행문을 처리한다. 가령 남자가 아니면 여자일 것이다. 이를 unless문을 활용하여 표시하면 다음과 같다.

```
unless($person == $woman) {
      print “남자”;
}
```

이 형태의 제어구조는 if 제어문으로 처리하기에 힘든 부정의 형태를 처리하기에 알맞다.

2.3.2 while/until

제어구조 중에서 반복적으로 처리되는 경우가 있다. 이러한 반복적인 처리를 위해서 만들어진 것이 while이다. 이 제어구조는 제어문의 조건이 일치하면 계속 처리를 한다. 숫자를 카운트하는 예를 살펴보자. 0에서 7까지 카운트하는 경우에 숫자가 7 이하이면 계속 실행을 하게 된다.

```
$count = 0;

while ($count <= 7) {
            print "$count\n";
            $count++;
}
```

유사한 것으로 until 구조가 있다. 이 구조는 해당하는 조건을 만족시킬 때까지 적용을 반복하게 된다. 위의 while 카운트 프로그램을 until 구조로 변경하면 다음과 같다.

```
$count = 0;

until ($count > 7) {
        print "$count\n";
        $count++;
}
```

자세히 살펴보면 제어문이 약간 다르다는 것을 알 수 있다. while 구조의 조건이 until 구조에서는 반대로 바뀐다.

2.3.3 do while/do until

위의 while 및 until 구조와 유사한 것으로 do while과 do until 구조가 있다. do while 프로그램을 살펴보면 아래와 같다.

```
$count = 0;
do {
    print "$count\n";
    $count++;
} while ($count >= 7);
```

do until 프로그램은 다음과 같다.

```
$count = 0;
do {
    print "$count\n";
    $count++;
} until ($count < 7);
```

2.3.4 for

반복문은 제어문이 일정한 조건을 만족할 때까지 실행된다. 이런 반복문은 다음과 같은 조건 구조를 갖고 있다.

반복문 (처음 조건, 마지막 조건, 증가 또는 감소)

위의 조건을 하나의 구문에서 처리하기 위해서 만든 것이 for 제어구조이다. 이 제어구조는 아래와 같은 구조를 갖고 있다.

for (처음조건; 마지막 조건; 증가 또는 감소)

for 제어구조를 통해서 아래와 같은 프로그램이 만들어 질 수 있다.

```
for($start=1;$start<=5;$start++) {
        print "$start\n";
}
```

이 프로그램은 1에서 5까지 하나씩 증가시키면서 실행하는 구조를 가지고 있다. 이는 이전 구조보다도 더 간단한 코드를 갖고 있다. 실제 반복문에서 for문은 매우 자주 활용되는 것으로 잘 이해해야 한다. 또한 제어구조는 모든 프로그램의 꽃으로 반복적인 작업을 하는 프로그램에서 매우 많이 활용된다.

2.3.5 연습문제

1 1에서 100까지 합산하는 프로그램을 작성해 보시오. [쉬움]

2 아래 배열에는 영어 단어가 포함되어 있는데, 영문 텍스트를 읽어서 이 배열에 있는 단어들이 존재하는지를 검사하는 프로그램을 작성하시오. [쉬움]

```
@english_words = ('the', 'a', 'an', 'fact', 'thing', 'that', 'this');
```

2.4 함수

2.4.1 서브루틴

프로그래밍에서 함수는 일정한 기능을 반복적으로 수행하는 것을 말한다. 일련의 프로그래밍에서 이러한 함수가 없다면 많은 작업들을 반복적으로 수행해야 할 것이다. Perl에서는 반복적인 작업을 수행하기 위해서 서브프로그램을 활용한다. 메인프로그램은 프로그램의 주요한 흐름을 제어하는 역할을 하고, 서브프로그램은 메인프로그램의 흐름을 조절하는 역할을 한다. 메인프로그램이 메인루틴(main routine)의 역할을 한다면, 서브프로그램은 서브루틴(subroutine)의 역할을 한다고 할 수 있다.

서브루틴은 메인프로그램의 메인루틴에서 전달하는 값을 처리하고 처리 결과를 내보내는 역할을 하게 된다. 서브루틴은 독립된 상자처럼 행동하는데, 처리되는 값은 인자(parameter)와 결과 값인 반환 값(return value)으로 구성된다.

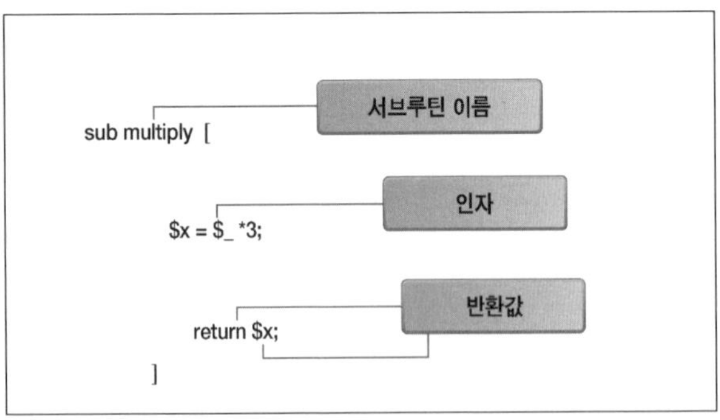

서브루틴에서 return문은 생략될 수도 있는데, 이 경우에는 마지막으로 처리하는 식의 값을 반환한다.

```
sub multiply {
            $x = $_ * 3;
    }
```

여기서 반환 값은 3과 곱한 값이 된다. 만약 서브루틴에서 반환하는 값이 없을 때는 아래와 같이 반환 값을 지정하지 않는다.

```
sub returning{
            print " 인수는 %_[0]입니다. \n";
            return;
    }
```

2.4.2 서브루틴 호출하기

서브루틴은 메인프로그램에서 필요할 경우에 호출하여 활용한다. 이러한 방식은 프로그램 작성의 수고를 현저하게 줄이는 역할을 한다. 만약 서브루틴이 없이 메인프로그램에서 모든 것을 처리한다면 동일한 프로그램을 매번 작성하여야 하는 번거로움이 있다. 따라서 하나의 서브루틴을 작성하여서 이를 호출하면 매우 편리하게 활용할 수 있다. 서브루틴을 호출하는 방식은 아래와 같다.

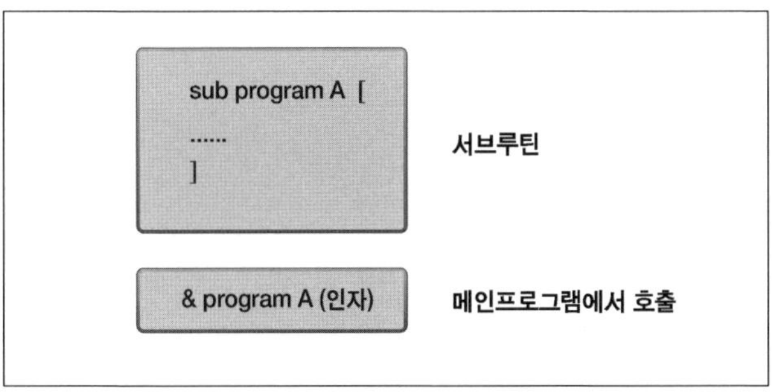

아래 프로그램의 예에서 서브루틴을 호출하는 방식을 보자.

```
sub comp {
            my ($a, $b) = @_;
            if($a > $b) {
                    print "$a is bigger than $b\n";
            }
            elsif($a == $b) {
                    print "$a is equal to $b\n";
            }
            else {
                    print "$a is smaller than $b\n";
    }

my ($a, $b) = (3, 5);
&comp($a, $b);
&comp(5, 3);
```

서브루틴을 실행해서 나온 결과 값을 스칼라데이터에 저장할 수도 있다.

```
    sub addnum {
            $c = $_[0] + $_[1];
            return $c;
    }

    $c = $addnum(2, 3);
```

위의 프로그램에서 결과 값은 스칼라데이터 $c에 저장된다.

2.4.3 프로토타입

프로토타입은 서브루틴이 받아들일 인자의 개수나 종류를 선언하는 것이다. 프로토타입이 있는 서브루틴이 호출되면 Perl은 인자 수가 선언과 일치하는지를 확인하게 된다.

```
sub add ($$){
        ......
}
```

$add($$)에서 $$는 인자가 두 개 있는 것을 말한다. 프로토타입은 &를 붙이지 않고 호출하는 경우에만 유효하다. 함수를 호출하는 경우에 &를 붙이거나 붙이지 않을 수도 있는데, &를 붙여서 호출하면 프로토타입의 제약에 걸리지 않게 된다. 따라서 실제 프로그래밍에서는 &를 붙여서 호출하는 것이 더 안전하다.

```
sub add($$){
        ......
}
add(1, 2);
&add(1);
add(1); #이 경우에는 &가 없으므로 틀린 프로토타입이 된다.
```

2.4.4 변수의 범위

서브루틴은 여러 개가 사용될 수 있으며 각각의 서브루틴에서 똑같은 변수가 사용될 수 있다. 이 경우에 각각은 다른 변수로 활용된다. 즉 변수가 적용되는 범위가 한정되어 있다.

```
sub add1 {
    $var = 2;
}
sub add2 {
    $var = 3;
}
```

위와 같이 동일한 변수 $var이 서브루틴 add1과 add2에서 사용될 수 있다. 이 경우에 각각은 서브루틴의 범위에 맞게 적용된다. add1에서 $var는 2라는 값으로만 사용되고 add2에서는 3으로 사용된다.

변수는 이와 같이 적용되는 범위가 있다. 적용되는 범위에 따라서 지역(local) 변수와 전역(global) 변수로 나뉜다. 지역 변수는 위와 같이 서브루틴 내부에서와 호출되는 곳에서만 적용이 된다. 반면에 전역 변수는 프로그램 전체에 사용된다. 또 사설(private) 변수가 있는데 이것은 서브루틴의 내부에서만 적용이 된다.

먼저 전역 변수는 다음과 같이 사용된다.

```
sub function {
    $a = …
}
$a = 10;
```

위에서 $a는 값이 10으로 고정된 전역 변수이기 때문에 그 값은 변하지 않는다. 다음으로 지역 변수를 살펴보자.

```
sub function1 {
        local $a = 2;
        $function2();
}
sub function2 {
        $a = ….
}
```

위에서 $a의 함수는 지정한 서브루틴에서만 적용된다. 사설 변수는 아래와 같이 서브루틴 내부와 메인루틴 내에서 서로 다르게 지정된 변수를 말한다.

```
sub function {
        my $a = …; #①
}
$a = … #②
```

위에서 ①과 ②의 변수 값은 다르다. ①은 사설 변수로 정의되어서 ②와 값이 다를 수 있다.

2.4.5 인자 전달 방식

프로그래밍에서 인자를 전달하는 방식은 기본적으로 두 가지가 있다. 먼저 레퍼런스에 의한 인자 전달 방식(Pass-by-Reference Parameter)과 값에 의한 인자 전달 방식(Pass-by-Value Parameter)이 있다.

첫 번째 방식은 레퍼런스라는 프로그램에 설정된 주소지를 활용하는 방식이다. 이후에 소개될 것이지만 레퍼런스는 컴퓨터에서 지정된 주소지이다. 이러한 주소를 활용하는 방식은 아래와 같다.

```
sub evaluate {
      $x = $_[0];
      $y = $_[1];
}
&evaluate (\@a, \@b);
```

여기서 레퍼런스는 \로 만들어지는 인자이다. 즉 \@a에서 \ 기호는 @a가 아닌 @a의 주소를 말한다. 이것은 엄격히 말하면 서브루틴이 호출되는 모든 주소지에 활용된다. 이를테면 배열이나 해쉬의 경우에도 레퍼런스에 의한 전달 방식은 모두 레퍼런스에 의한 인자 전달 방식이 적용된다.

다음은 값에 의한 전달 방식이다. 이 방식은 서브루틴에 필요한 인자를 호출할 경우에 인자의 값을 직접 전달하는 방식이다.

```
sub evaluate {
      $x = $_[0];
      $y = $_[1];
      }
$a = 1;
$b = 2;
&evaluate ($a  $b);
```

위의 프로그램이 이전 프로그램과 다른 것은 이 방식은 인자를 직접 전달하는 반면에 이런 방식은 프로그램에서 사용된 주소를 활용하는 것이다.

2.4.6 서브루틴 관련 함수

기본적으로 서브루틴과 관련된 함수는 여러 가지가 있지만 여기에서는 정렬 함수인 sort와 패키지 및 모듈을 호출하는 방식을 설명한다.

먼저 sort 함수는 수나 문자를 정렬한다. 정렬하는 방식은 크게 높은 수에서 낮은 수로 정렬하는 방식인 내림차순과 반대의 방식인 낮은 수에서 높은 수로 정렬하는 올림차순이 있다. 문자는 문자열로 치환되면 낮은 것과 높은 것으로 구분될 수 있다. 문자는 개별적인 코드의 번호가 있기 때문에 코드순으로 나타나게 된다. 수를 올림차순으로 정렬하는 방식은 아래와 같다.

```
sort {$a 〈 = 〉 $b;} @list;
```

이 방식은 입력을 올림차순 형태로 정렬하고 이를 @list에 저장하는 것이다. 반대로 내림차순으로 정렬하기 위해서는 아래와 같이 $a와 $b의 순서를 변경하면 된다.

```
sort {$b 〈 = 〉 $a;} @list;
```

sort 함수는 서브루틴처럼 활용된다. 직원들의 봉급을 높은 순서에서 낮은 순서로 정렬하려면 아래와 같이 프로그래밍할 수 있다.

```
print "The top 5 salaries", "\n person \t salary \n";
foreach $key {
        (sort {$top_five{$b} <=> $top_five{$a};} keys %top_five) {
        print "$key \t $top_five{$key} \n";
}
```

프로그램이 너무 길면 관리 및 유지가 힘들다. 이런 경우는 관련이 있는 것만을 따로 묶어서 파일로 저장하는 것이 더 편할 것이다. 이 방식이 패키지(package)를 활용하는 것으로, 프로그램을 작성하고 작성한 프로그램의 맨 처음에 'package 패키지이름'의 형식으로 기술하면 된다.

```
package pack1;
...............
package pack2
...............
```

이와 같은 방식은 라이브러리나 모듈을 활용하는 방식으로 나뉠 수 있는데, 라이브러리는 하나의 Perl 프로그램처럼 활용된 경우를 말하는 반면, 모듈은 하나의 프로그램이라기보다는 서브루틴을 모아 놓은 것이다. 각각을 메인 프로그램에서 호출하는 방식은 다르다.

```
라이브러리의 작성 (파일명이 pack1.pl)
package pack1;
$mypack = ……;
………………….
라이브러리의 호출
require "pack1.pl";
print "$pack1::mypack\n";
```

모듈 파일의 확장자는 '.pm'이며 호출할 때에는 use 함수를 활용한다.

```
모듈의 작성 (모듈 파일명이 pack1.pm)
package packpm;
$mypack = ……;
………………….
모듈의 호출
use packpm;
print "$packpm::mypack\n";
```

2.4.7 연습문제

1 텍스트 파일을 읽어서 올림차순과 내림차순의 순서로 정렬하는 프로그램을 작성하시오. [쉬움]

2 2008년도 달력을 출력하는 프로그램을 다음의 서브루틴을 이용해서 만드시오. [어려움]

① 월별 일자를 구하는 서브루틴 (30일, 31일 또는 28일)
② 주간 요일을 구하는 서브루틴 (월요일에서 일요일까지)
③ 이 두 가지를 출력하는 서브루틴

2.5 해쉬와 레퍼런스

2.5.1 해쉬란?

이전 장에서 배열과 관련된 내용을 살펴보았다. 배열은 실제 데이터를 저장하는 공간을 말한다. 해쉬(hash)도 데이터를 저장하는 공간을 가리키는데, 각 저장 공간은 그 공간의 이름인 키(key)와 그 키에 대응되는 값으로 구성된다. 간단한 구조를 살펴보자.

```
%ages = ("bob" => 42,
         "carol" => 40,
         "bill" => 43);
```

위에서 bob, carol, bill의 나이는 각각 42, 40, 43이다. 여기서 이름은 각각 나이에 대한 키가 되고, 실제 나이는 이에 대응되는 값이 된다. 해쉬의 이름 앞에는 %이 있어서 해쉬임을 나타낸다. 키와 키 값은 =>로 구분한다. =>를 사용하지 않고 아래와 같이 간단하게 나타낼 수도 있다.

```
%ages = ("bob", 42, "carol", 40, "bill", 43);
```

키 값을 호출하려면 해당 해쉬에 대한 키를 불러내야 한다. 따라서 $ages{"bob"}은 42로 출력될 것이다. 해쉬의 속성은 아래와 같다.

① 해쉬의 인덱스(index)는 문자열로 된 데이터이며, 이 데이터가 키가 된다.

각각의 키는 하나 또는 그 이상의 키 값을 가질 수 있다.
② 해쉬 데이터는 정렬되어 있지 않다.

해쉬의 두 번째 속성은 매우 중요하다. 배열의 경우에는 배열의 번지가 정렬되어 있다.

```
@array_A = (bob, mary, bill, tom);
```

위의 배열에서 '@array_A'의 첫 번째 주소지는 방 [0]번이다. 마지막 방은 [3]번이 된다. 따라서 첫 번째 방을 나타내기 위해서는 $array_A[0]이라고 명기해야 한다. 해쉬는 이와 다르게 주소지의 번지가 정렬되어 있지 않다. 단지 키와 이에 해당하는 값만으로 구성된다.

배열과 해쉬는 거의 유사하다. 여러 더미의 데이터를 정렬할 수 있으며 해쉬명이나 배열명 그 자체가 주소지 역할을 한다. 프로그래밍에서 가끔씩 배열이나 해쉬의 초기화(initialization)가 필요한 경우가 있다. 초기화란 데이터를 비우는 것을 말한다. Perl의 경우에 모든 스칼라데이터는 맨 처음에 자동으로 초기화가 수행된다. 그러나 다른 프로그래밍 언어를 사용할 경우에는 이런 초기화를 프로그래머가 직접 수행해야 한다. 그렇지 않으면 에러가 발생하거나 원치 않는 데이터가 입력되기도 한다. 특히 C 기반 언어에서는 초기화가 자동화되어 있지 않으므로 프로그래머가 항상 신경 써야 한다. 해쉬와 배열의 경우에도 마찬가지이다. 초기화 작업을 수행하여서 원치 않는 데이터가 입력되는 것을 방지한다. 해쉬나 배열의 초기화 작업을 수행하는 방식은 다음과 같다.

```
%hash_A = ( );
@array_A = ( );
```

매우 간단한 작업이지만 가끔씩 필요하므로 꼭 기억해야 한다.

2.5.2 해쉬의 구조

해쉬는 키와 그 키에 해당하는 값으로 구성되어 있으므로 해당하는 데이터에 접근하기 위해서는 먼저 키에 접근하여야 한다. 따라서 키 값을 지우기 위해서는 해당하는 키를 통해야 한다.

```
delete $salaries("Bill");
```

이는 키 'Bill'의 데이터 값을 지운 것이다. 해당하는 값이 존재하는지를 확인하려면 exists 함수를 활용하면 된다.

```
if(exists $salaries("Bill") {
        print "Bill's salary is $salaries{'Bill'} \n";
else {
        print "Bill's salary is not in the list \n";
}
```

모든 키와 해당 키 값을 각각 산출하려면 keys와 values라는 것을 활용하면 된다.

```
%days = {“mon” => 11, “tue” => 12, “wen” => 13, “thur” => 14, “fri” => 15, “sat”
   => 16, “sun” => 17};
foreach $day (keys %days) {
        print “each day of a week is $day\n”;
}
foreach $date (values %days) {
        print “each date of a week is $date\n”;
}
while (($day  $date) = each %days) {
      print “each day of a week is $day and each date of a week is $date\n”;
}
```

위의 프로그램의 출력 결과는 아래와 같다.

```
each day of a week is mon
each day of a week is tue
..............................

each date of a week is 11
each date of a week is 12
..............................

each day of a week is mon and each date of a week is 11
each day of a week is tue and each date of a week is 12
..................................................................
```

이는 키와 키 값을 출력하는 방식이다. 해쉬 구조의 데이터를 출력하는 방식은 매우 중요하므로 잘 기억해 두어야 한다. 해쉬 구조는 여러모로 데이터 구조에서 중요하게 활용되기 때문에 이를 통해서 데이터 구조를 처리하는 것이 바람직하다.

2.5.3 레퍼런스

레퍼런스(reference)는 변수의 주소지를 통해서 변수를 나타내는 것을 말한다. 이것은 변수 자체만을 가리키는 방식과 다르게 주소지를 가리키는 방식으로 C 언어에서는 포인터로 알려져 있다. 레퍼런스와 포인터는 둘 다 기억 장소를 활용하는 방식이다.

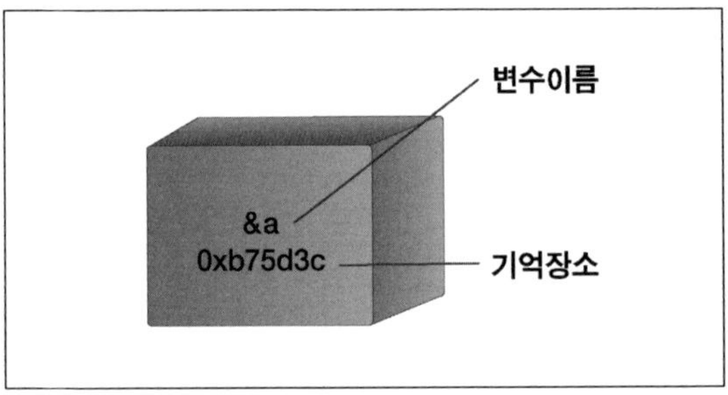

위의 그림에서 '&a'는 변수의 이름이다. 실제 컴퓨터의 기억 장소에 기억되는 것은 기억 장소의 주소지인데 주소지는 0xb75d3c이다. 이처럼 레퍼런스는 컴퓨터의 기억 장소를 활용한다.

Perl에서 레퍼런스를 이용하는 방식은 다음과 같다.

```
$sum = 0;
$ref_sum = \$sum;
```

위에서 알 수 있듯이 \를 붙여서 레퍼런스를 만든다. 즉 $ref_sum에는 레퍼런스가 부여된다. 레퍼런스는 기억 장소의 주소로 변수의 값을 말하는 것이 아니다. 따라서, '$sum'의 값인 0을 나타내기 위해서는 다른 작업이 필요하다. 이런 작업을 드레퍼렌싱(derefernicing)이라고 한다. 드레퍼렌싱의 예를 보자.

```
$sum = 10;
$ref_sum = \$sum;
print "sum is $$ref_sum \n";
```

$ 표시를 두 개 합치면 드레퍼렌싱 작업이 되며, 주소지 변수의 값을 출력하게 된다. 아래 배열 번지를 나타내는 것도 드레퍼렌싱 방식인데, 이것은 -〉가 포함된 선언과 동일하다.

```
$$ref_hash[3] = 0;
$ref_has -〉 [3] = 0;
```

2.5.4 데이터 구조

해쉬와 레퍼런스를 활용한 구조는 데이터 구조 안에 다른 데이터 구조를 포함할 수 있다.

```
@lab_members = {
    {name => "박철수",
     email => 'chelsu@han.com',
     phone => "555_333_2345",
    },
    {name => "김철수",
     email => 'chelsu@han.co.kr',
     phone => "123_777_1234",
    },
} ;
```

이러한 구조는 하나의 배열 안에 다른 배열들이 존재하는 것으로 해쉬처럼 구성된다. 그러나 해쉬처럼 키와 그 키에 해당하는 키 값을 갖지는 않는다. 만약 키를 갖는 구조로 바꾼다면 아래와 같이 된다.

```
%lab_members = {
  Group_1_Manager => {
     name => "박철수",
     email => 'chelsu@han.com',
     phone => "555_333_2345",
    },
  Group_2_Manager => {
     name => "김철수",
     email => 'chelsu@han.co.kr',
     phone => "123_777_1234",
    },
  } ;
```

이 구조는 아래와 같은 데이터 구조를 출력한다.

```
while (($group_managers, $info) = each %lab_members) {
        print "$group_managers: ";
        while(($info, $contents) = each %$info) {
                    print "$info   $contents";
        }
print "\n";
}
```

2.5.5 연습문제

1 이전 절의 해쉬 및 레퍼런스 데이터 구조를 활용해서 다음의 영어 문장을 파싱하시오. [어려움]

I have a dream.
He has a dream.
She had a dream.

위 문장들을 파싱할 때 데이터 구조에서 필요한 것은 [주어-동사]의 일치이다. 즉, 주어 인칭 자질의 3인칭여부에 따라서 has인지 have인지가 결정되며, 과거면 had가 활용된다. 즉, 주어와 동사의 자질 일치와 시제 일치를 해쉬 및 레퍼런스 데이터 구조로 표현하는 것이 이 문제의 목적이다.

2.6 파일핸들

2.6.1 열고 닫기

파일핸들(file handle)은 파일을 다루는 방식을 말한다. 즉, 프로그램에서 파일을 열고 닫고, 읽고 쓰는 것을 말한다. 이것은 프로그래밍에서 가장 기본이 되는 부분으로 잘 이해해야 한다. 특히 Perl을 통해서 텍스트 처리를 하기 위해서는 파일을 다루는 작업이 매우 중요하다.

파일핸들의 가장 기본적인 것은 파일을 열고 닫는 작업이다. 파일을 열고 닫는 작업은 아래 함수로 수행한다.

```
open(파일핸들명, 열고 닫는 방식 + 파일명)
```

파일핸들명은 파일을 다루는 변수명을 말한다. 이 변수명은 전체 프로그램에서 파일핸들로 처리하는 파일의 이름이다. 아래의 예를 살펴보자.

```
open(IN, "<A.txt");
```

위에서 'A.txt'라는 파일은 'IN'이라는 파일핸들명으로 지정되어서 열리게 된다. 이 경우에 파일을 여는 방식은 '<'로 지정되된다.

파일을 여는 방식은 다음의 세 가지 정도가 있는데 부등호 표시를 활용한다.

표시	의미
>	파일의 처음부터 쓰기 시작한다. 기존의 파일이 있으면 그 파일에 덮어쓰기를 한다.
>>	파일의 맨 마지막에서 쓰기 시작한다. 기존의 파일이 있으면 그 파일에 이어서 쓰기 시작한다.
<	파일을 연다.

파일을 열 때 '>'인지 '>>'인지를 잘 구분하여야 한다. 만약 파일에 덮어쓰기를 해서 이미 쓰인 내용을 지우고 싶다면 '>'를 활용하고, 그 외에 이어쓰기를 하려면 '>>'를 이용한다. 덮어쓰기를 하면 기존에 쓰인 내용이 모두 지워지므로 조심해서 활용하여야 한다.

이러한 open 함수는 여러 이유로 실행되지 못할 수 있다. 그 중 하나가 파일이 존재하지 않아서 열지 못하는 경우이다. 이 경우에 파일이 열리지 않는 에러를 메시지로 처리할 수 있다. 즉, 해당 파일이 존재하는지 않는지를 알려주는 메시지를 남길 수 있다.

```
open(IN, "<A.txt") or die "Error in opening A.txt!\n";
```

만약 'A.txt'가 열리지 않으면 "Error in opening A.txt!"가 화면에 출력되게 된다. 여는 파일의 수가 여러 개 있을 수 있으므로, 위의 방법을 사용하면 어떤 파일이 열리지 않는지를 확인하기에 매우 유용하다.

파일을 닫는 함수는 아래와 같이 선언하면 된다.

```
close(IN) or die "Error in closing A.txt!\n";
```

파일을 닫는 함수는 close 함수이고 close의 인자는 파일핸들명이다. close 함수는 open 함수가 미리 선언된 후에 선언되므로, 파일핸들명을 통해서 파일을 닫게 된다. 그리고 open의 경우와 마찬가지로 close 함수에 에러가 발생하여서 실패할 경우에도 에러 메시지를 확인할 수 있다.

2.6.2 읽고 쓰기

파일을 열고 닫는 방식은 물리적인 파일을 프로그램에서 열거나 닫는 방식이다. 프로그래밍에서 파일을 읽고 쓴다는 것은 파일을 물리적으로 읽고 저장하는 것을 규정하는 방식이다. print 함수는 다음처럼 사용된다.

```
① print "sum = $sum \n";
② print INFILE "sum = $sum \n";
```

위에서 ①은 화면에 출력을 하는 방식이고, ②는 파일에 출력하는 방식이다. ②의 경우에는 "sum = $sum/n"이 추상적인 파일핸들명으로 전달되어서 다시 'INFILE'이라는 파일핸들명을 통해서 다시 물리적인 파일에 기록된다. 다시 말하면, 'INFILE'로 지정된 물리적인 파일 단위에 print 명령이 전달된다.

Perl에서 파일을 읽고 쓰는 방식에는 두 가지가 있다. 하나는 라인 단위로 파일을 읽고 쓰는 방식이고, 다른 하나는 라인과는 다른 버퍼 단위로 파일을 읽고 쓰는 방식이다. 라인 단위로 파일을 읽고 쓰는 방식은 아래 프로그램 예제에서 볼 수 있다.

```
open(INFILE  "A.txt") || "Error for opening A.txt  \n";
open(OUTFILE  ">B.txt") || "Error for opening A.txt  \n";
while(<INFILE) {
      if(/good/) {
                  print INFILE $_, "₩n";
      }
close(INFILE);
close(OUTFILE);
```

여기서는 A.txt를 라인 단위로 읽어서 good이 포함되면 해당 라인을 출력하게 된다. 이 방식은 프로그램을 라인 단위로 읽고 라인 단위로 쓰게 된다.

위의 프로그램이 라인 단위로 처리하는 반면에 버퍼 단위로 파일을 처리하는 방식도 있다. 버퍼는 컴퓨터 메모리를 말하는데, 버퍼 단위는 보통 바이트 단위로 읽게 된다. 관련된 함수는 read로 다음과 같이 표현된다.

```
read(파일핸들명, 버퍼 이름, 버퍼 사이즈 바이트);
```

가령, 아래와 같이 read 함수를 표현할 수 있다.

```
read(INBUFFER, $buff, 60);
```

위와 같이 설정된 경우에는 'INBUFFER'의 파일핸들을 '$buff'버퍼로 지정하고 60바이트씩 읽게 된다. 이 방식은 라인 단위 방식과 다르게 지정된 양의 버퍼 사이즈 바이트만큼을 읽게 된다.

2.6.3 파일 테스트

파일 테스트는 파일의 상태를 조사하는 것을 말한다. 파일의 상태를 조사하는 것은 파일이 존재하는지, 읽기가 가능한지, 쓰기가 가능한지, 텍스트 파일인지에 대한 조사를 말한다. 아래의 연산을 참조하자.

```
$a = -e "file.txt";
```

이 경우에 파일 'file.txt'를 조사해서 파일이 존재하는지를 확인하게 된다. 만약 파일이 존재하면 1로 존재하지 않으면 정의되지 않은 변수인 undef로 정의된다. 여기서 undef는 값이 정해지지 않은 것을 말한다. 숫자로는 0을 문자로는 공백 문자인 ' '를 출력하게 된다. 위의 '$a'의 경우에는 1 또는 0으로 출력하게 된다.

파일 테스트의 종류는 다음과 같은 것이 있다.

연산자	테스트 내용
-e	파일이 존재하는지 테스트 함
-f	파일이 읽기 가능한지 테스트 함
-w	파일이 쓰기 가능한지 테스트 함
-z	파일 크기가 0인지 아닌지 테스트 함
-s	파일의 사이즈를 알려줌
-T	텍스트 파일인지 아닌지 테스트 함
-B	바이너리 파일인지 아닌지 테스트 함

다음은 파일 테스트를 이용한 프로그램의 한 예이다.

```
$file = "A.txt";
if(-e $file) {
	$size_of_file = -s $file;
	print "$file has size of $size_of_file \n";
}
else {
	print "$file does not exist \n";
}
```

이 프로그램에서는 먼저 파일의 존재여부를 확인한다. 만약 파일이 없으면 "A.txt does not exist"를 출력한다. 파일이 존재하면 파일의 크기를 체크하고 이를 '$size_of_file'이라는 변수에 입력하며 파일의 크기를 출력하게 된다.

2.6.4 표준 입출력 및 인자

파일핸들은 파일을 통해서만 입력되는 것이 아니라 키보드를 통해 사용자가 직접 입력해도 된다. 이런 키보드를 통한 입출력을 표준 입출력이라고 한다. 표준 입출력은 프로그램을 통해서 자동으로 실행되기 때문에 파일핸들에서처럼 파일을 열고 닫을 필요는 없다. 표준 입출력에는 표준입력(STDIN)과 표준출력(STDOUT), 표준에러(STDERR)가 있다. 아래의 예를 보자.

```
$str = <STDIN>;
print STDOUT $str;
print STDERR "Error\n";
```

여기에서는 표준입력을 받아서 그대로 출력하고 표준에러가 감지되면 이를 에러로 출력한 예이다.

표준입력과 표준출력은 키보드의 대기 상태에서 처리된다. 표준입력이 키보드의 대기 상태에서 이루어지는 반면, 코맨드 입력은 프로그램 구동과 동시에 이루어진다.

이 상태는 커서가 깜빡이는 상태로 대기 상태이다. 이런 상태에서는 표준입력이 입력되게 된다. 반면에 프로그램에서 필요한 인자를 입력하는 코맨드 입력은 프로그램을 구동하면서 동시에 모든 인자를 입력한다. 아래의 코맨드 입력을 살펴보자.

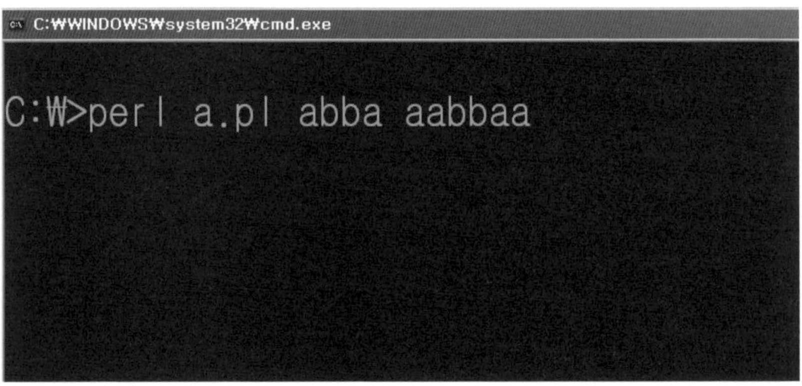

이는 Perl 프로그램인 a.pl을 구동하면서 프로그램에서 필요한 인자를 한꺼번에 입력하는 방식이다. 코맨드 입력에서 인자를 파일핸들로 처리하려면 ARGV로 처리한다. 이 방식을 간략히 설명하는 프로그램의 예제를 살펴보자.

```
if(@ARGV > 0) {
      for($i = 0; $i <@ARGV; $i++) {
                print "\$ARGV[$i]: $ARGV[$i]\n";
}
else {
      print "No commandline input is entered\n";
}
```

위의 프로그램은 코맨드 입력을 통해서 인자를 입력 받아서 출력한다.

```
$ARGV[0]: 첫 번째 인자
$ARGV[1]: 두 번째 인자
$ARGV[2]: 세 번째 인자
......................
```

2.6.5 연습문제

1. 두 개의 텍스트 파일을 열어서 두 개의 파일의 내용이 같은지 다른지를 검사하시오. 만약 다른 부분이 발견되면 다른 부분을 출력하시오. [쉬움]

2. 코맨드 입력이나 표준입력을 활용하여 텍스트 파일을 열어서 해당 내용에서 필요한 부분이 있는지를 검사하고 이를 발견하면 라인단위로 출력하시오. [쉬움]

2.7 패턴매칭

2.7.1 패턴매칭과 정규표현

패턴매칭은 일정한 패턴을 찾는 작업을 말한다. 여기서 패턴이란 일종의 그림과 같다. 비슷한 형태의 대상을 패턴을 통해서 검색하여 찾는 것이다. 만약 사각형이라는 패턴을 찾는다면 아래의 대상물 중에서는 사각형을 쉽게 찾게 될 것이다.

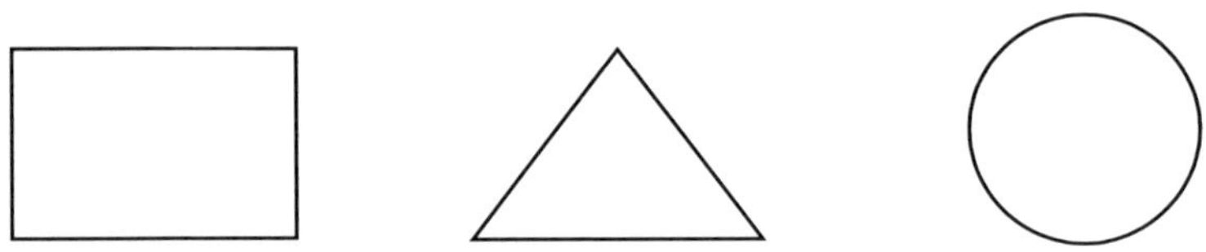

그러나 다음의 대상물 중에서는 사각형을 쉽게 찾을 수가 없다.

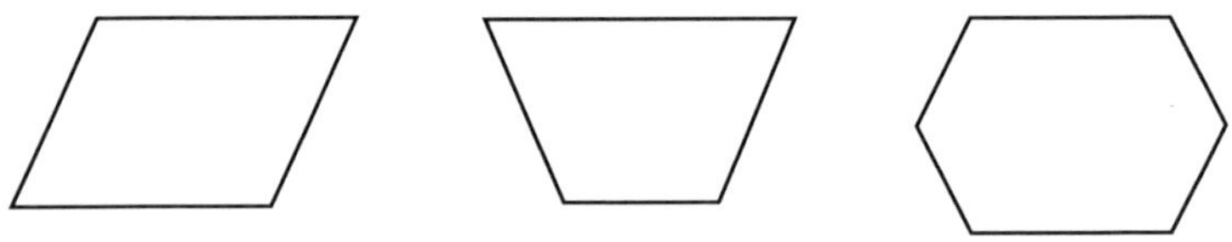

먼저 평행사변형이나 마름모꼴이 사각형인지 아닌지를 확인하여야 하는데 사각형의 패턴을 지니는지 아닌지에 대한 범주를 잘 정의하여야 한다. 만약 패턴을 정의할 때 변이 네 개인 도형이라고 규정하면 평행사변형이나 마름모 모두가 사각형의 패턴을 지닌 것이 되지만 네 변이 모두 평행이어야 한다고 규정하면 평행사변형만 포함

될 것이다.

그림을 대상으로 하는 검색에서 그림 자체를 검색의 조건으로 활용하는 것과 같이, 문자열을 검색할 경우에는 문자열 자체를 검색의 조건으로 활용하여야 한다. 이와 같은 문자열의 검색 조건을 정규표현이라 한다. 정규표현이란 문자열에 존재하는 규칙을 식으로 표현한 것으로 문자열의 표현식이다.

보통 패턴을 통한 검색작업은 패턴을 어떻게 설정하는가가 중요하다. 정교한 검색을 위해서는 정교한 패턴을 적용하고 정교하지 않은 검색을 위해서는 덜 정교한 패턴을 적용한다. 문자열을 검색하는 Perl 프로그램의 경우에도 사정은 비슷하다. 가령 〈Perl을 잘 이해하기 위한 책〉이라는 문자열이 포함된 텍스트를 검색하는 경우에 어떠한 패턴을 활용하는가가 문자열 검색의 정확도를 결정한다. 예를 들어서, 〈Perl〉이라는 문자열만 검색하는 경우에는 〈Perl 이해〉라는 문자열을 검색하는 것보다 정확도가 떨어지게 될 것이다. 따라서 검색이 어떤 것을 필요로 하는지에 따라서 정규표현을 결정해야 한다.

특히 Perl의 경우에는 정규표현을 텍스트 처리에 적절하게 활용할 수 있으며, 정규표현이 Perl의 가장 큰 강점이다. 따라서 정규표현을 활용한 텍스트 검색 기법을 잘 이해해야 한다. 정규표현을 잘 활용하기 위해서는 찾고자 하는 문자열의 규칙을 찾아내고 관련된 문자열을 모두 찾을 수 있는 관계식을 만들어 내는 것이 무엇보다도 중요하다.

2.7.2 문자열 검색

문자열을 검색하기 위해서 해당 문자열을 그대로 활용하면 원하는 문자열을 찾게 된다. 즉 〈Perl〉을 검색어로 쓰면 〈Perl〉이 들어가 있는 모든 문자열을 찾게 된다. 문자열의 검색을 폭넓게 하기 위한 여러 방식이 있다. 그 중 대표적인 것이 메타문자를 활용하는 방식으로, 특수한 문자를 활용하여 검색하는 것을 말한다. 이 경우에 특수한 문자를 포함하면 지정된 모든 문자열을 검색할 수 있다. 이러한 특수 문자를 메타문자라고 하며 그 종류는 아래와 같다.

<table>
<tr><th>메타문자</th><th>의미</th><th>예</th></tr>
<tr><td>.</td><td>임의의 하나의 문자</td><td>Per. (Per로 시작하는 모든 문자)</td></tr>
<tr><td>*</td><td>0회 이상 반복</td><td>ab* (a, ab, abb, abbb, ...)</td></tr>
<tr><td>+</td><td>1회 이상 반복</td><td>ab+ (ab, abb, abbb, …)</td></tr>
<tr><td>?</td><td>0회 또는 1회 반복</td><td>ab? (a, ab)</td></tr>
<tr><td>^</td><td>단어의 맨 처음</td><td>^ab (ab, abd, adxxx, …)</td></tr>
<tr><td>$</td><td>단어의 맨 끝</td><td>ab$ (ab, xab, xxxab, …)</td></tr>
<tr><td>|</td><td>선택</td><td>ab|ba (ab 또는 ba)</td></tr>
<tr><td>{n}</td><td>문자 n개 허용</td><td>s{2} (ab)</td></tr>
<tr><td>{n,}</td><td>문자 n개 이상 허용</td><td>s{2,} (ab, abc, abcd, abcde, …)</td></tr>
<tr><td>{n, m}</td><td>문자 n개 이상 m개 이하 허용</td><td>s{2, 3} (ab, abc)</td></tr>
<tr><td>\</td><td>문자로 취급</td><td>\? (?), \+ (+), *(*), \$ ($)</td></tr>
</table>

메타문자를 활용한 예를 살펴보자. ? 문자는 0회 또는 1회 반복을 의미하므로, /Tea?/의 경우에 a가 포함된 것과 포함되지 않은 것을 모두 찾게 된다. 따라서, Te와 Tea를 모두 다 찾게 된다. {n}은 n개만큼의 문자를 허용하게 된다. /k{3}ing/의 경우에는 k와 ing사이에 세 개의 문자를 허용하므로 keeping, kolding과 같은 문자열이 허용된다. {n, m}을 포함하는 정규표현인 /pa{2,5}ing/는 patterning, padding, patting과 같은 문자열을 허용한다.

/^ab/의 정규표현은 abstract, ablaut, abstract와 같이 ab로 시작하는

문자열을 검색한다. 반면에 $는 문자열의 마지막을 가리키는 것으로 /tion$/과 같은 정규표현은 -tion이 붙는 모든 문자열의 검색이 가능하다. 이러한 메타문자는 실제 텍스트의 문자로도 사용될 수 있는데 \을 메타문자 앞에 붙이면 일반 문자로 취급되게 된다.

여러 문자를 모아서 하나의 클래스로 지정하는 것이 문자 클래스인데 하나의 단위로 쓰인다. [0123]는 0, 1, 2, 3 중 하나를 가리키는데 [0, 1, 2, 3]도 같은 의미를 지닌다. 이러한 문자 클래스에 ^를 포함하면 해당 문자 클래스가 아닌 모든 것을 말하게 된다. 예를 들어서 [^0123]은 0, 1, 2, 3 이외의 모든 문자를 말한다. 문자열은 처음 문자열과 마지막 문자열만 지정하면 전체 문자 클래스를 말할 수도 있다. 가령 [0123456789]는 [0-9]와 같이 사용될 수 있다. 특수문자를 활용해서도 문자 클래스를 나타낼 수 있는데 방법은 아래와 같다.

특수 문자	문자 클래스	의미
\w	[0-9a-zA-Z]	대소 영문자, 모든 숫자
\W	[^0-9a-zA-Z]	대소 영문자, 숫자 이외
\s	[\t \n \r \f]	공백문자
\S	[^ \t \n \r \f]	공백문자 이외
\d	[0-9]	숫자
\D	[^0-9]	숫자 이외

정규표현은 패턴을 찾기 위한 검색식이고, 이런 검색식은 기본적으로 아래와 같은 구조를 가지고 있다.

```
$a = 'I have a dream.';
$pattern = 'dream';
if($a =~ /$pattern/) {
    print "It has dream\n";
}
else {
    print "It doesn\'t have dream\n";
}
```

찾고자 하는 표현을 /…/ 안에 넣는다. 이와 일치하는 표현을 찾는 검색식은 아래와 같다.

```
검색대상 =~ /정규표현/
```

/…/ 안의 표현과 일치하지 않는 표현을 찾는 검색식은 다음과 같다.

```
검색대상 !~ /정규표현/
```

패턴매칭에 성공한 경우에 관련 문자열을 다루는 특수 변수가 활용되는데, 다음과 같은 것들이 있다.

특수 변수	의미
$&	일치하는 문자열 전체
$`	일치하는 문자열보다 앞에 있는 문자열
$'	일치하는 문자열보다 뒤에 있는 문자열
$1, $2,…	첫 번째, 두 번째, … 그룹에 속하는 문자열
$+	마지막 그룹에 속하는 문자열

문자열 $a = "I have a dream."에서 dream을 찾는 경우를 고려해 보자.

```
$a = "I have a dream";
if($a =~ /dream/) {
      print $&;
}
```

위의 프로그램은 dream만을 출력한다.

```
if($a =~ /dream/) {
      print $`;
}
```

이 정규표현은 dream 앞에 있는 문자열을 프린트하게 하는 것이므로 "I have a"가 출력된다.

이외에도 문자열 검색의 옵션을 위한 연산자가 있다. 이 연산자는 검색 대상을 어떻게 취급할 것인가를 나타낸다.

옵션	의미
g	일치하는 것을 모두 찾는다.
i	대소 문자를 구별하지 않는다.
m	문자열을 복수행으로 취급한다. (개행문자를 취급한다.)
s	문자열을 단일행으로 취급한다. (개행문자를 취급하지 않는다.)
x	반각 스페이스를 취급하지 않는다.

2.7.3 문자열 변경 및 치환

정규표현을 이용하여 문자열을 변경 및 치환할 수도 있다. 문자열을 변경하기 위한 방식은 다음과 같다.

```
변경 문자열 =~ tr/변경 대상 문자열/변경 내용/

$a = "Can I have this?";
if($a =~ tr/a-z/A-Z/) {
	print "$a\n";
}
```

위의 프로그램은 전체 데이터에서 소문자를 모두 대문자로 바꾼다. 이 경우는 문자열을 변경하는 것인데, 문자열을 치환하는 경우와는 다르다. 문자열의 치환은 지정된 문자열 전체를 바꾸는 것인데, 방법은 아래와 같다.

```
#치환 문자열 =~ s/치환 대상 문자열/치환 내용/

$d = "I like a dog.";
$d =~ s/dog/cat/;
```

이 프로그램의 수행 결과로 문자열은 "I like a cat."으로 바뀐다.

2.7.4 복잡한 패턴매칭의 형식

패턴매칭은 복잡한 문자열의 패턴을 처리할 수도 있는데, 특정 문자열이나 특정 형식도 처리할 수 있다. 가령 우편번호는 [3자리 숫자 - 3자리 숫자]로 구성이 되는데, 이와 같은 우편번호와 일치하는 정규표현은 다음과 같다.

```
/^\d{3}-\d{3}$/
```

이를 좀 더 자세히 살펴보면 다음과 같은 구성으로 이루어져 있다.

```
문자열의 시작 _ 3자리 숫자 _ 대쉬(-) _ 3자리 숫자 _ 문자열의 마지막
```

또 입력되는 패스워드가 패스워드 규칙에 맞는지를 검사할 수 있다.

```
/^[a-zA-Z]\d{2,7}$/
```

위의 정규표현식은 영문자와 숫자의 혼합으로 구성된 패스워드의

시작 부분이 2자 이상 7자 이하라야 됨을 나타낸다. 이와 같이 정규표현을 활용하면 다양하고 복잡한 패턴을 찾아 낼 수 있다.

2.7.5 연습문제

1 하나의 지정된 폴더에서 파일들이 텍스트 파일인지 아닌지를 검사하고 정규표현을 활용해서 다음의 문자열이 포함되어 있는지 검사하시오. [쉬움]

it, may, seem, a, the, why, what, where, event, and, to

3부. 언어 자료 처리와 Perl

언어 자료 처리와 Perl

3.1 정규식

3.1.1 상태기계

언어학적인 관점이나 철학적인 관점, 또는 통계 및 기타 수학을 활용하는 관점에서 타입(type)과 토큰(token)의 구별은 매우 중요하다. 세상에는 할미꽃, 개나리, 진달래 등의 많은 꽃의 종류가 있다. 이렇게 많은 종류의 꽃은 모두 꽃이라는 하나의 집합에 속한다. 이러한 꽃의 집합은 다음과 같이 정의될 수 있다.

A = {x | x는 꽃} = {할미꽃, 개나리, 진달래, ……}

이렇게 정의된 집합에서 할미꽃, 개나리, 진달래는 꽃이라는 집합의 개별 원소이다. 타입과 토큰을 구별하면 집합으로서의 꽃은 타입이 되고 세상에 존재하는 개별 꽃은 그 꽃의 토큰이 된다. 마찬가지로 텍스트에서 개별 출현 단어들은 해당 단어 타입의 토큰이 된다. 예를 들어서, 한 문장에서 eat가 5번 나오면 그 각각은 eat라는 타입의 토큰이 된다. 아래의 Perl 프로그램의 예를 들어 보자.

```
require 5.000;

use Parse::Lex;
print STDERR "Version $Parse::Lex::VERSION\n";
@token = qw(
          ADDOP      [-+]
          INTEGER    [1-9][0-9]*
         );

$lexer = Parse::Lex->new(@token);
$lexer->from(\*DATA);

Parse::Token->trace();
$content = $INTEGER->next;
if ($INTEGER->status) {
  print "$content\n";
}
$content = $ADDOP->next;
if ($ADDOP->status) {
  print "$content\n";
}
if ($INTEGER->isnext(\$content)) {
  print "$content\n";
}

__END__
3+2
```

위의 프로그램은 Perl 모듈인 Parse::Lex를 설치하면 실행되는 예제 프로그램이다. 이 모듈은 문자열을 파싱하게 되는데, [숫자-기호 (더하기 또는 빼기)-숫자]의 문자열을 파싱하여서 숫자와 기호로 분리하게 된다. 다시 말하면, 일정한 문자열에서 숫자와 기호를 분리하는 역할을 하게 된다. 여기서 모든 문자열의 타입은 더하기 또는 빼기인 ADDOP과 숫자인 INTEGER로 구분된다. 즉, 이 모듈은 문자열 토큰을 받아들여서 ADDOP과 INTEGER 타입으로 구분하는 역할을 한다.

Perl의 경우에 모듈은 개별 프로그래머가 작성하여 사용할 수 있으나 다른 프로그래머들이 만든 것이 배포되기도 한다. 따라서 다른 프로그래머가 이미 작성하여 배포한 모듈은 새로 작성할 필요 없이 배포된 것을 사용하면 된다. 기존 모듈은 Perl Package Manager (PPM)이라는 프로그램이나 CPAN 사이트를 통해 얻을 수 있다.

정규식은 문자열에서 토큰을 분리하고 타입을 찾는 역할을 하는데, 이러한 정규식의 절차는 상태기계(state machine)의 형태로 되어 있다. 주어진 문자열에서 123이라는 문자열을 찾아내는 상태기계는 아래 그림과 같다.

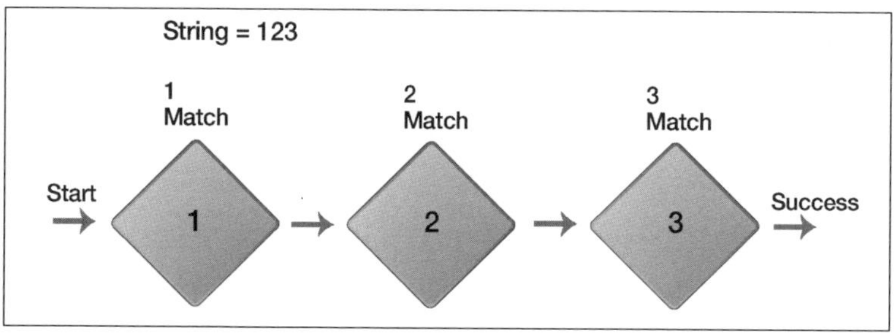

문자열 123이 입력되면 첫 번째 상태기계는 문자열의 맨 처음 문자가 1과 일치하는 지를 검사한다. 그리고 두 번째 문자 2와 세 번째

문자를 검사한다. 이런 방식으로 문자열의 처음에서 마지막까지를 검사하게 된다. 만약 124와 같이 일치하지 않는 문자열이 입력되면, 상태기계가 아래와 같이 작동하게 된다.

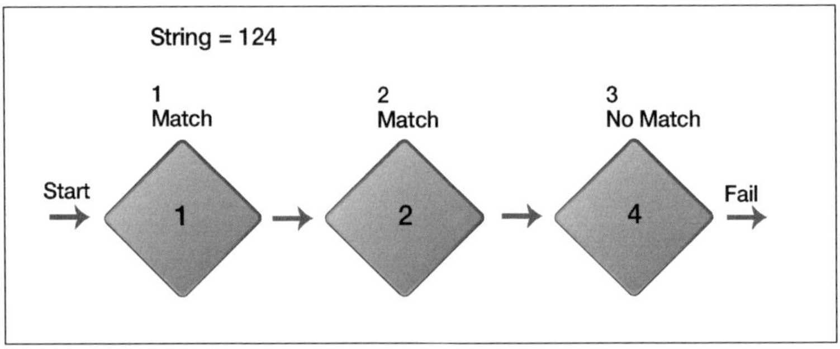

이 상태기계는 마지막 문자가 일치하지 않으므로 실패하게 된다. 이와 같이 상태기계는 첫 번째에서 마지막 상태까지 하나씩 검사하며 순차적으로 작동하게 된다. 기본적으로 상태기계는 정규식이 실현되는 방식을 나타낸다.

3.1.2 패턴매칭

실제 문자열 검색에서 패턴매칭은 매우 중요한 역할을 하므로 패턴매칭에 대해 좀 더 자세히 살펴보도록 하자. 패턴매칭은 주어진 패턴과 일치하는 문자열을 찾아내는 것이다. 기본적인 패턴매칭의 방식을 아래 프로그램에서 볼 수 있다.

```
$string1 = "123";
$string2 = "ABC";
$pattern = "123";

if($string1 =~ /$pattern/) {
      print "$string1 matches $pattern";
}
elsif($string2 =~ /$pattern/) {
      print "$string2 matches $pattern";
}
elsif($string1 !~ /$pattern/) {
      print "$string1 does not match $pattern";
}
elsif($string2 !~ /$pattern/) {
      print "$string2 does not match $pattern";
}
else {
      print "$string1 and $string 2 do not match $pattern";
}
```

위의 프로그램은 $string1과 $string2가 $pattern과 일치하는지를 검사한다.

패턴매칭은 DNA의 속성을 조사하는 데도 활용할 수 있다. DNA는 A, T, C, G라는 뉴클레오티드의 연속체이다. 이런 연속체에서 각각의 뉴클레오티드가 어느 정도 포함되어 있는지 조사하려면 아래와 같은 프로그램을 작성할 수 있다.

```
$String="ATGCCGGGAAATTATAGCG";
$Count=0;

while($String=~/G|C/g){
      $Count=$Count+1;
}
$len=length($String);
$GC=$Count/$len;
print "The DNA sequence has $GC %GC Content";
```

위의 프로그램은 '$String'에서 모든 문자열을 조사하여서 G와 C가 어느 정도 함유되어 있는지를 검사하고 합을 계산한다. 또 다른 프로그램을 예로 들어 보자.

```
$string="regular expressions";
while($string=~/e/g){
      print "e at position " . (pos($string)). "\n";
}
```

위의 프로그램은 e가 포함된 위치를 찾아내게 되는데, 관련된 함수로는 pos($string)가 있다.

3.1.3 Perl 모듈

패턴매칭은 매우 어려운 작업이다. 찾고자 하는 문자열이 복잡한 구조를 갖고 있으면 복잡한 패턴매칭 방식을 적용하여야 한다. 반대로 단순한 구조일 경우에는 그 만큼 작업이 간단하다. 그러나 일반적으로 패턴매칭의 구조는 단순하지가 않다. 예를 들어서, 일련의 숫자로 된 데이터에서 전화번호의 패턴을 찾는다고 해 보자. 전화번호는 다음의 패턴을 가지고 있다.

```
지역번호 (3자리) - 국번 (3자리) - 나머지 번호 (4자리)
```

이러한 패턴을 찾는 패턴매칭은 아래와 같다.

```
$phone_numbers =~ /(\s?(\(?\d{3}\)?)[-\s.](?\d{3}[-.]\d{4}))/
```

이처럼 복잡한 패턴매칭을 필요할 때마다 프로그래밍 하는 일은 매우 번거로울 수 있다. 따라서 매번 패턴매칭을 직접 작성하기보다는 이미 만들어져 배포된 모듈들을 최대한 활용하는 것이 훨씬 더 편리하고 경제적이다.

영어의 경우에 필요한 패턴매칭을 모듈로 작성해 놓은 것이 많이 있다. 그 중 한 예로, 영어 이름의 패턴매칭 모듈을 보자. 영어 이름은 일반적으로 아래와 같이 구성되어 있다.

```
First Name - Middle Name - Last Name
```

이 경우에 사용 가능한 모듈은 Parse::Name과 Lingua::EN:: NameParse이 있다. 이 모듈들은 영어 이름을 Fist Name, Middle Name, Last Name의 패턴으로 구분하는 일을 한다. 이들은 모듈에 정의된 함수를 활용하여 이름에서 각각의 패턴을 찾아낸다. 아래의 예는 Parse::Name이다.

```
use Parse::Name
my $parser = Parse::Name->new("Robert Lewis Boone");
print $parser->lname;
```

이와 다르게 Lingua::EN::NameParse 모듈은 다소 복잡한 방식으로 패턴을 찾아낸다.

```
use Lingua::EN::NameParse qw(clean case_surname);

# optional configuration arguments
my %args =
 (
   salutation        => 'Dear',
   sal_default       => 'Friend',
   auto_clean         => 1,
   force_case         => 1,
   lc_prefix         => 1,
   initials          => 3,
   allow_reversed  => 1,
   joint_names        => 0,
   extended_titles => 0
   );

   my $name = new Lingua::EN::NameParse(%args);

   $error = $name->parse("MR AC DE SILVA");

   %name_comps = $name->components;
   $surname = $name_comps{surname_1}; # DE SILVA
```

```
$correct_casing = $name->case_all; # Mr AC de Silva

$correct_casing = $name->case_all_reversed ; # de Silva  AC

$good_name = &clean("Bad Na9me   "); # "Bad Name"

$name->salutation; # Dear Mr de Silva

%my_properties = $name->properties;
$number_surnames = $my_properties{number}; # 1
$bad_input = $my_properties{non_matching};

$name->report;

$lc_prefix = 0;
$correct_case            =           &case_surname("DE           SILVA-
MACNAY",$lc_prefix);
```

이 프로그램은 다음과 같은 출력을 만들어 낸다.

```
Input              : MR AC DE SILVA
conjunction_1      :
conjunction_2      :
given_name_1       :
given_name_2       :
initials_1         : AC
initials_2         :
Input              : MR AC DE SILVA
```

```
conjunction_1        :
conjunction_2        :
given_name_1         :
given_name_2         :
initials_1           : AC
initials_2           :
middle_name          :
precursor            :
suffix               :
surname_1            : de Silva
surname_2            :
title_1              : Mr
title_2              :
Name type            : Mr_A_Smith
```

MR AC DE SILVA라는 입력을 Fist Name, Middle Name, Last Name, Title의 패턴으로 나누게 된다.

3.1.4 연습문제

1 날짜의 패턴을 인식하는 프로그램을 작성하시오. [쉬움]

2000/01/01과 같은 패턴만을 인식한다. 즉 YYYY/MM/DD 형태의 패턴인지를 검사하고 이런 패턴이면 YYYY와 MM, DD를 구분한다.

2 숫자를 읽고 3자리씩을 끊어서 읽는 프로그램을 작성하시오. [어려움]

예를 들면, 38475가 입력되면 38,475로 변경하게 된다.

3 하나의 단어가 입력이 되면 영문일 경우에는 알파벳이 몇 개가 사용되었는지, 한글일 경우에는 몇 개의 자모가 사용되었는지 계산하는 프로그램을 작성하시오. [매우 어려움]

예를 들면, book이 입력되면 4개의 알파벳이 입력된 것으로 계산하고, '책'이 입력되면 'ㅊ, ㄱ'의 자음 2개, 'ㅐ'의 모음 1개가 입력된 것으로 계산한다.

3.2 코퍼스 통계

3.2.1 빈도

코퍼스에서 발견되는 단어들의 통계적인 수치를 얻는 것은 프로그램을 활용하는 언어 연구에서 매우 중요한 일이다. 언어학에서 다루어야 하는 텍스트는 매우 많은 양이므로 이를 수작업을 통해서 처리하는 것은 불가능하다. 따라서 도구를 활용하여야 하는데 컴퓨터를 주로 활용하게 된다. 컴퓨터를 활용한다는 것은 다시 말해 프로그램을 통해 작업을 한다는 것을 의미한다. 가령 국립국어원에서 배포하는 '글잡이'라는 프로그램을 통해서도 작업할 수 있으며, 또는 엑셀을 활용하여 작업할 수도 있다. 그러나 실제적으로 여러 다양한 환경에서 쉽고 빠르게 작업할 수 있는 방법은 프로그램을 직접 작성하는 것이다. 왜냐하면 다양한 형태의 텍스트를 처리하는 것은 이미 작성된 프로그램을 통해서는 쉽지가 않기 때문이다. 이미 작성된 프로그램은 특정한 형태의 입력을 요구하므로 입력 형태가 달라지면 빈도를 산출하기가 쉽지 않다. 따라서 프로그램을 직접 작성하여서 처리하는 것이 편리하다.

흔히들 프로그램 작성이 어렵다고 하지만 실제로 일정한 수준이 되면 빈도 산출 프로그램 정도를 작성하는 것은 그다지 어렵지 않다. 빈도 프로그램은 언어학도에게 많이 필요한 것으로 우선적으로 배워야 할 프로그램이다. 빈도 프로그램을 작성하는 것이 어렵게 느껴지더라도 이해하도록 하고, 힘들 경우에는 암기라도 해서 이를 자신의 것으로 만들어야 한다. 빈도 프로그램은 특히 컴퓨터로 언어를 처리하는 분야인 전산언어학에서 특히 많이 필요하므로 관심이 있는 사람은 이를 반드시 숙지해야 한다.

Perl의 경우에 빈도 프로그램은 기본서에서도 찾아 볼 수 있으므로 조금만 노력하면 찾아낼 수 있다. 전체적인 프로그램을 소개하려고 한다. 우선 다음과 같은 입력 텍스트가 있다고 가정하자.

> 그러나 나는 이 발낄이 안해에게로 돌아가야 옳은가 이것만은 분간하기가 좀 어려웠다. 가야 하나?
>
> 그럼 어디로 가야 하나?
>
> 이때 뚜- 하고 정오 싸이렌이 울렸다. 사람들은 모다 네 활개를 펴고 닭처럼 푸드덕 거리는 것 같고 온갖 유리와 강철과 대리석과 지폐와 잉크가 부글부글 끓고 수선을 떨고 하는 것 같은 찰라.
>
> 그야말로 현란을 극한 정오다.
>
> 나는 불현듯이 겨드랑이가 가렵다.
>
> 아하, 그것은 내 인공의 날개가 돋았던 자국이다. 오늘은 없는 이 날개.
>
> 머릿속에서는 희망과 야심의 말소된 페-지가 슈내리 넘어가듯 번뜩였다.
>
> 나는 걷던 걸음을 멈추고 그리고 어디 한번 이렇게 외쳐보고 싶었다.
>
> 날개야 다시 돋아라.
>
> 날자, 날자, 날자, 한번만 더 날잤구나.
>
> 한번만 더 날아 보잤구나.

위의 텍스트를 활용해서 출현한 단어들의 빈도를 산출하는 프로그램을 작성해 보자. 여기서 빈도라고 함은 빈칸 사이에 있는 단위의 빈도를 말한다. 따라서 전체 텍스트가 빈도 산출의 대상이 되는데, 이 단위를 언어학적으로 어절이라고 한다. 어절은 띄어쓰기의 대상이 되는 언어 단위를 말한다. 어절 단위가 아닌 단어의 기본형으로 빈도를 산출하면 결과가 달라진다. 예를 들어서, '나는'은 이 글에서 여러 번 사용되었다. '나'라는 1인칭 대명사의 빈도와 '나는'의 빈도는 반드시 같지가 않다. '내' 속에도 1인칭 대명사가 들어 있기 때문이다.

이와 같이 빈도를 산출하는 프로그램은 단순하지만 실제적으로 이 프로그램을 잘 이해하고 있지 않으면 여러 종류의 빈도를 산출하기가 어렵다. 즉, 프로그램을 단순하게 암기하고 있거나 남이 작성한 프로그램을 활용할 경우에는 자신이 원하는 종류의 빈도산출에는 활용할 수 없다. 다시 말하면, 빈도산출 프로그램을 원하는 대로 활용하기 위해서는 프로그램을 잘 이해하여 기존 프로그램을 변형하고 응용하는 능력을 길러야 한다.

빈도 산출 프로그램은 여러 방식으로 구현할 수 있지만 Perl 프로그램의 경우에는 기본적으로 다음과 같은 구조를 이루고 있다.

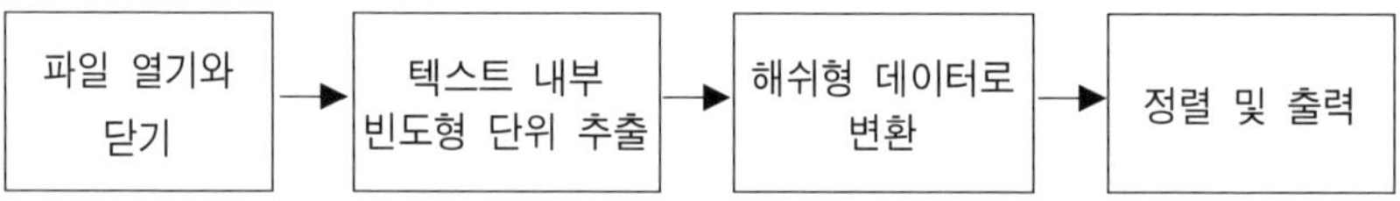

위의 구조를 바탕으로 한 어절들의 빈도 산출 Perl 코드는 아래와 같다.

```
my $infile = shift;
my $outfile = shift;
my %frequency = ( );

open (IN, "<$infile") or die "$infile not found";
open (OUT, ">$outfile") or die "$outfile not open";
```

파일 열기와 닫기

```
while (<IN>)
{
	chomp($_);
	@wo = split(/\s+/x, $_);

	foreach $wr(@wo) {
			$frequency{$wr}++;
	}
}
```

텍스트 내부 빈도형 단위 추출 + 해쉬형 데이터로 변환

```
foreach $key(sort {$a cmp $b or $frequency{$b}
	<=> $frequency{$a}} keys(%frequency))
{
	print OUT "$frequency{$key}\t$key\n";
}
```

정렬 및 출력

각각을 단위별로 설명해 보자. 먼저 파일을 열고 닫는 부분을 다시 살펴보자.

```
① my $infile = shift;
② my $outfile = shift;
③ my %frequency = ( );
④ open (IN  "<$infile") or die "$infile not found";
⑤ open (OUT  ">$outfile") or die "$outfile not open";
```

①과 ②는 파일을 코맨드라인의 입력에서 받아들인다는 표시이다. 이것은 입출력과 관련된 부분에서 이미 다루었는데 잘 이해되지 않

는다면 해당 부분을 다시 찾아보기 바란다. 필요한 입출력을 화면의 입출력으로부터 받아들여서 이를 '$infile'과 '$outfile'로 각각 저장하게 된다. ③은 해쉬 데이터의 초기화 부분이다. 해쉬 데이터를 활용하기 위해서 먼저 '%frequency'로 명명하고 이를 초기화하였다. ④와 ⑤는 각각 입력 데이터 파일과 출력 파일을 열기 위한 것으로 파일 핸들명을 각각 'IN'과 'OUT'으로 명명하였다. 이후로는 'IN'과 'OUT'으로 입출력 파일이 처리될 것이다.

다음으로 텍스트 내부의 빈도 산출 단위를 추출하는 코드를 살펴보자. 'IN'으로 입력되는 파일을 리턴키가 있을 때까지 처리하게 된다. 이 부분은 while(〈IN〉)으로 코딩된다.

```
① chomp($_);
② @wo = split(/\s+/x  $_);
```

①은 입력된 파일의 데이터를 읽고 리턴키를 삭제한다. 리턴키는 줄바꾸기로 텍스트를 처리하면서 많은 문제점을 만들기 때문에 가장 먼저 삭제한다. ②는 입력된 데이터를 '$_'로 바꾸고 그 데이터에 빈칸이 있는 경우에는 잘라내고 배열 '@wo'에 입력한다.

해쉬형 데이터로 변경하면 아주 간단하게 코드가 처리된다.

```
① foreach $wr(@wo) {
② $frequency{$wr}++;            }
```

①은 배열 '@wo'의 모든 데이터를 하나씩 꺼내는 역할을 하고 ②는 '%frequency'라는 해쉬 데이터의 키에 ①에서 꺼낸 데이터를 대입하고 이를 토대로 각 단어가 몇 번 출현했는지를 아래와 같이 연산한다.

```
$frequency{그러나} = 1;
$frequency{나는} = 1;
$frequency{이} = 1;
............
$frequency{나는} = 2;
```

각각의 단어가 키로 입력되고, 존재하는 키이면 키 값이 증가한다. 따라서 증가 함수를 통해서 출현 단어들의 빈도를 측정하게 한다.

해쉬 데이터는 정렬되어 있지 않다. 데이터를 정렬하기 위해서는 다음과 같은 코드를 활용해서 단어순과 빈도순으로 정렬한다.

```
① foreach $key(sort {$a cmp $b or $frequency{$b} <=> $frequency{$a}}
   keys(%frequency)) {
② print OUT "$frequency{$key}\t$key\n"; }
```

①은 해쉬 데이터 각각을 두 가지 조건으로 정렬한다. 첫 번째 정렬 조건은 단어의 ㄱ, ㄴ, ㄷ, …순이다. 만약 이 정렬 순서가 적용되지 않으면 빈도순으로 정렬한다. 이 정렬법은 내림차순으로 빈도가 높은 것에서 낮은 것으로 정렬한다. 먼저 빈도순으로 정렬하고 동일한 빈도면 단어순으로 정렬한다. ②는 ①에서 이미 정렬된 것을 출력만 하게 된다.

3.2.2 N-gram

코퍼스 통계를 위한 다른 것으로는 n-gram이 있다. N-gram은 단어의 순서쌍을 나타내는 것이다. 단어의 순서쌍은 일련의 순서로 묶인 것으로 앞과 뒤 단어를 나타내게 된다. 1-gram을 영어로는 unigram이라고 하며 단어 하나만을 가리킨다. 2-gram은 영어로 bi-gram이라고 하며 단어 두 개의 순서쌍을 나타낸다. 3-gram은 영어로 trigram이라고 하며 단어 세 개의 순서쌍을 말한다. 이와 같이 여러 개의 단어의 순서쌍을 구할 수 있으나 실제로 3개까지의 순서쌍을 많이 활용한다. 이 책에서는 2개의 순서쌍을 구하는 bi-gram 프로그램을 소개한다.

순서쌍은 단어들의 연어(collocation)를 설명하는 데 유용하다. 영어의 경우, 숙어 'put on'은 옷을 입는다는 의미다. 이러한 숙어 단어 군집들은 n-gram을 활용하면 쉽게 얻어낼 수 있다. 따라서 n-gram 모델은 단어의 연어 현상을 추출하는 데 활용될 수 있다.

Bi-gram을 구하기 위한 Perl 프로그램은 아래와 같다.

```
my $infile = shift;
my $outfile = shift;

open (IN, "<$infile") or die "$infile not found";
open (OUT, ">$outfile") or die "$outfile not open";

while(<IN>) {
        chomp($_);
        @word = split(/\s+/x, $_);
}

$count = $#word;
my %bigrams = ( );
```

```
for($i=0; $i<$count; $i++) {
        my $bigrams = $word[$i]."_".$word[$i+1];
        $bigrams{$bigram}++;
}

foreach $key(sort{$bigrams{$b} <=> $bigrams{$a}} keys %bigrams) {
        print OUT "$bigrams{$key}\t$key\n";
}
```

위의 프로그램은 빈도를 구하는 프로그램과 거의 유사한데 약간의 차이점이 있다. 빈도 프로그램과 유사한 부분은 파일의 열기와 닫기, 정렬 및 출력 부분이다. 그러나 텍스트를 데이터로 만드는 부분과 해쉬형 데이터로 전환하는 과정에 차이가 있다. 이 둘을 다시 한 번 살펴보자.

```
① while(<IN>) {
② chomp($_);
③ @word = split(/\s+/x, $_);}
④ $count = $#word;
⑤ my %bigrams = ( );
⑥ for($i=0; $i<$count; $i++) {
⑦ my $bigram = $word[$i]."_".$word[$i+1];
⑧ $bigrams{$bigram}++;}
```

위의 ①에서 ③까지는 텍스트를 열어서 '@word'라는 배열에 저장하는 것을 나타낸다. ④는 배열의 크기를 측정한다. 즉, '@word'에 몇 개의 단어가 저장되어 있는지를 조사한다. ⑤는 해쉬를 초기화하는 과정이다. ⑥은 for문을 활용해서 배열 '@word'의 마지막까지 bigram

찾기를 반복하게 된다. ⑦은 '%bigrams'라는 해쉬 데이터의 키값을 한 단어와 그 다음 단어로 산정한다. 처음 단어는 '$word[$i]'이고 다음 단어는 '$word[$i+1]'이다. 처음 단어와 다음 단어를 '."_".'으로 연결한다. ⑧은 이러한 데이터의 빈도를 구하게 된다.

주어진 텍스트 데이터에 대한 bi-gram은 아래와 같이 구해질 것이다.

"그러나 나는 이 발낄이 안해에게로 돌아가야 옳은가 이것만은 분간하기가 좀 어려웠다. 가야 하나?....."

```
$bigrams{그러나_나는} = 1;
$bigrams{나는_이} = 1;
$bigrams{이_발낄이} = 1;
$bigrams{발낄이_안해에게로} = 1;
.........
```

이 프로그램도 텍스트에서 연어의 빈도를 구하는 프로그램으로 많이 활용된다. 만약 프로그램이 잘 이해되지 않는다면 암기하는 것도 하나의 방편이다. 그러나 암기를 하더라도 코드를 단순히 암기만 하지 말고 자기가 원하는 상황에서 코드를 어떻게 수정할 것인가를 고민하면서 암기하여야 한다. 결국에는 각 상황에 맞게 코드를 수정해야 하는데 그 상황을 어떻게 이해할 것인가를 더 고민하기 바란다. 그리고 아래의 연습문제를 꼼꼼하게 풀어보기 바란다.

3.2.3 연습문제

1 세종 코퍼스와 같은 데이터에서 형태소 분석이 된 데이터의 빈도를 구하시오. [쉬움]

```
1.          1/SN + ./SF
아름다운     아름답다/VA + 은/ETM
그          그01/MM
시작        시작01/NNG
"이         "/SS + 이/NNP
형,         형01/NNG + ,/SP
잘          잘02/MAG
가시오."     가다01/VV + 시/EP + 오/EF + ./SF + "/SS
```

즉 '1/SN, 아름답다/VA, ……'과 같은 어절 단위의 빈도를 추출한다.

2 위에서 만든 bi-gram 이외에 tri-gram을 추출하는 프로그램을 작성하시오. [쉬움]

3 단어의 출현 확률을 구하는 프로그램을 만들어 보시오. [쉬움]

3.3 용례 찾기

3.3.1 용례 찾기

언어학에서 다음으로 필요한 것은 텍스트에서 발견되는 용례를 찾는 것이다. 아래의 텍스트를 보자.

Here are the source files for the suggested exercises in this tutorial.

Basic perl program
The hello world program.

Scalar variables
The hello world program written so that the "Hello World" string is assigned to a variable and the printed with the newline character(\n).

Array variables
Run the program array.pl in the public directory to view the different results with the print statement.

위의 영어 텍스트는 많은 the를 포함하고 있다. the가 어떤 특성을 가지고 있는지 알기 위해서 그 문맥을 고려해 볼 수 있다. 좌우로 5개 단어를 살펴보면 아래와 같은 텍스트를 추출할 수 있다. 중심어를 기준으로 왼쪽을 좌문맥이라 하고 오른쪽을 우문맥이라고 한다.

are the source files for	[the]	suggested exercises in this tutorial.
this tutorial. Basic perl program	[The]	hello world program. Scalar variables
hello world program. Scalar variables	[The]	hello world program written so
world program written so that	[the]	"Hello World" string is assigned
assigned to a variable and	[the]	printed with the newline character(\n).

이러한 작업을 문맥에서 키워드를 추출하는 작업이라고 한다. 영어로는 KeyWord-In-Context라고 하며 줄여서 KWIC라고도 한다. 주변에 있는 단어들의 집합을 문맥 또는 문맥 윈도우(context window)라고 한다.

KWIC는 특히 텍스트를 배경으로 하는 언어 연구에서 매우 필요하다. Perl을 공부하여 텍스트를 추출하는 것은 언어학 전공자에게 아주 유용하다. 본 소절에서는 이러한 용례 추출 프로그램을 소개한다.

이 책에서 소개한 빈도 추출 프로그램이나 bi-gram의 빈도를 추출하는 프로그램은 매우 기본적인 것으로 많은 연구를 거쳐서 적절한 코드임이 입증되었다. 그러나 용례 추출 프로그램은 기본적인 코드가 아직 없다. 따라서 많은 프로그래머와 연구가들이 각기 나름대로의 코드를 만들어 내고 있으며, 적절한 코드가 어떤 것인지 의견이 분분하다. 이 책에서는 가장 초보적인 알고리즘을 가진 코드를 소개한다.

```
my $infile = shift;
my $outfile = shift;
my $word = shift;
my $context_window = shift;
my @tokens;
my @KWIC;

open (IN, "<$infile") or die "$infile not found";
open (OUT, ">$outfile") or die "$outfile not open";

while (<IN>) {
        chomp($_);
        push (@tokens, split(/\s+/x, $_)); ─────────── ①
        }

for (my $position = 0; $position < $#tokens; $position++) {

        my $token = $tokens[$position]; ─────────── ②

        if (lc($token) eq lc($word)) { ─────────── ③
        my $beginposition = $position - $context_window; ─── ④
        my $endposition = $position + $ context_window; ─── ⑤

        my $KWIC;
        $KWIC .= join(' ' @tokens[$beginposition..$position-1]); ── ⑥
        $KWIC .= "\t\t".$tokens[$position]."\t\t"; ─────── ⑦
        $KWIC .= join(' ' @tokens[$position+1..$endposition]); ── ⑧
        push (@KWIC, $KWIC);
        }
}

foreach my $KWIC (@KWIC) {
        print "$KWIC\n";
}
```

이 프로그램은 전체 텍스트 파일을 읽어서 모든 단어를 배열에 저장한다 (①번 참조). 저장된 단어 배열들은 번호가 매겨지며 반복적인 연산의 대상이 된다. 연산의 형태는 for문이며 맨 처음 배열에서 맨 마지막 배열까지 연산된다. 각각의 배열의 방에 들어 있는 단어들은 '$token'이라는 스칼라데이터에 저장된다 (②번 참조). 다음으로 '$token' 스칼라데이터가 찾는 단어인 '$word'인지 검사한다 (③번 참조). 이 경우에 영어는 텍스트에서 대소문자의 구분이 있으므로 모두 소문자로 전환하는 함수 lc를 적용한다. 만약 현재 배열의 방에 들어 있는 단어가 찾는 문자이면, 좌문맥을 현재 배열의 방보다 정해진 문맥 '$context_window'만큼 왼쪽으로 이동하여 좌문맥의 위치를 '$beginposition'으로 정하고 (④번 참조), 우문맥은 '$endposition'으로 정한다 (⑤번 참조). 용례를 '$KWIC'로 정하고 왼쪽 문맥을 '$KWIC'에 합친다 (⑥번 참조). 가운데에 찾고자 하는 keyword를 합친다 (⑦번 참조). 오른쪽 문맥을 '$KWIC'에 합친다 (⑧번 참조). 모든 용례를 배열 '@KWIC'에 저장하고 이를 출력한다.

위의 프로그램은 아주 단순하지만 유용한 프로그램이다. 좌우문맥을 고려하므로 언어 자료 용례들의 정확한 구조를 파악할 수 있다. 이런 문맥적 접근은 프로그램의 도움이 아니면 얻어질 수 없다. 이 프로그램은 언어 자료에 기반한 연구에서 가장 기초가 되는 것이므로 많이 활용되기를 바란다.

3.3.2 연습문제

1 위 절에서 소개한 프로그램은 실제 문자열 알고리즘을 고려하지 않았다. 문자열 알고리즘은 많은 양의 텍스트를 빠른 속도로 처리할 수 있게 한다. 텍스트 데이터의 양이 많은 경우 프로그램의 처리 속도가 저하될 수 있다. 속도를 개선할 수 있는 다른 형태의 프로그램을 만들어 보시오. [매우 어려움]

2 본 프로그램은 용례를 추출하면서 좌우문맥이 일치하는 경우만 처리한다. 문맥의 개수가 10개이면 좌우문맥의 개수가 각각 10개이어야 한다. 만약 10개 이하이면 용례를 처리하지 않는다. 프로그램을 수정하여서 좌우문맥이 정해진 개수보다 더 작을 경우에도 용례를 찾는 프로그램을 작성하시오. [어려움]

3 본 프로그램을 활용해서 좌우문맥에서 추출되는 단어들의 빈도를 각각 산출하시오. 즉, 좌문맥과 우문맥의 빈도를 추출해 보시오. [보통]

3.4 파싱

3.4.1 파싱이란?

파싱(parsing)이란 입력형을 의미 있는 단위로 잘라내고 이들 간의 관련 구조를 밝히는 것을 말한다. 언어학에서 파싱은 구문분석을 말하고, 분석된 구성 요소간의 관계를 정립하는 것을 지칭한다. 반면에 전산학에서는 일련의 문자열을 의미 있는 기본 단위로 분해하고 이들 간의 구조적 관계를 설명하는 것을 말한다. 언어학은 언어 자료를 다루고 전산학은 언어 자료를 포함한 모든 문자열을 다룬다는 점에서 차이가 있다.

영어 문장 'John loves Mary'의 경우에 관련 문법은 다음과 같은 규칙을 갖고 있다.

```
S → NP VP
NP → Prop-N
VP → V NP
Prop-N → John
Prop-N → Mary
V → loves
```

위의 규칙을 적용하여 문장을 분석하면 아래와 같은 트리 구조로 나타난다.

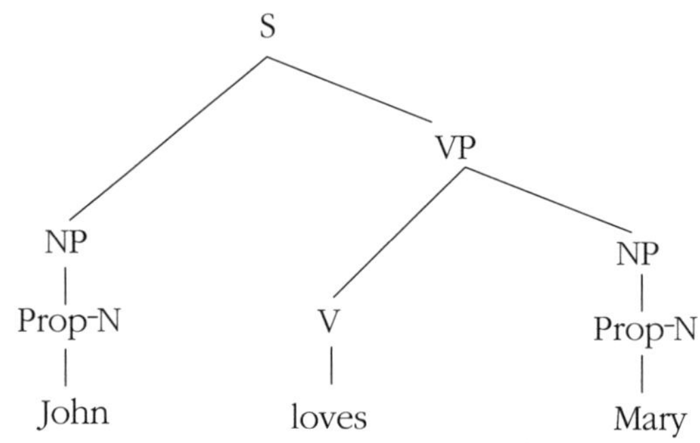

이처럼 'John loves Mary'라는 문장을 파싱하면 'John'과 'Mary'는 Prop-N이면서 NP이고, 'loves'는 V이며 NP와 합쳐서 VP를 이루며 NP와 VP가 결합하여 S를 이룸을 보여준다.

이렇게 파싱은 언어 자료의 구조를 알려 준다. 언어 자료의 구조를 파악하면 여러 측면에서 유용하다. 예를 들어, 구조는 의미 파악을 위한 기초가 된다. 다른 여러 측면에서도 구조 분석은 데이터 처리의 기본이 된다.

자연언어 처리라는 학문 분야도 언어 자료를 자동으로 파싱하는 구조에 대한 연구로부터 시작하였다. 일반적으로 언어 자료는 매우 복잡하여서 자동 파싱의 성공율은 그다지 높지 않다. 한국어는 85% 정도를 상회하고, 영어는 93% 정도를 상회한다고 한다. 성공율은 문법규칙의 복잡성과 더불어 파싱하는 시스템의 알고리즘의 성능에 달려있다.

이제까지 여러 가지 파싱 알고리즘이 제시되어 왔다. 이러한 알고리즘을 활용하는 것은 전체 시스템을 구성하는 것을 말하는데, 이는 초보자에게는 매우 버거운 일로 전문 연구자에게만 가능한 일이다. 이 책에서는 파싱을 간단하게 제공하는 Perl 모듈을 소개하고자 한다. 이 모듈은 활용하기 편해서 기본적인 파싱을 이해하기에 좋다.

3.4.2 Parse::RecDescent

이 모듈은 Damian Conway에 의해서 작성되었으며 CPAN에 등록되어 있다. 파싱 모듈은 입력되는 문자열을 주어진 구조에 따라 분석한다. RecDescent 이외에도 Bison, Yacc, Yapp와 같은 모듈들이 많이 활용되고 있다. 아래 프로그램에서 이 모듈은 입력된 문자열이 주어진 문법에 맞는지를 결정한다.

```
use Parse::RecDescent;

my $grammar=q{
    startrule:       S   eofile
    S:               NP VP
    NP:              N
    VP:              V NP
    N:               'John'|'Mary'
    V:               'loves'
    eofile:          /^\Z/
};

my $parser=new Parse::RecDescent($grammar) or die
    "parser generation failure";

my @lists=( "John loves Mary",
            "Mary loves John",
            "loves Mary John",
            "loves John Mary",
             );

foreach my $list(@lists){
    print $list . '= ' .
    (defined($parser->startrule($list))?"CORRECT":"INCORRECT") . "\n";
}
```

위의 프로그램을 구동하면 아래와 같은 결과를 출력한다.

```
John loves Mary= CORRECT
Mary loves John= CORRECT
loves Mary John= INCORRECT
loves John Mary= INCORRECT
```

이 프로그램은 문법에 사용된 규칙들을 '$grammar'에 명기하고 이 규칙에 따라서 입력된 문장을 Parse::RecDescent 모듈로 처리하게 된다. 규칙은 트리구조로 명기된 것과 동일한 형태의 구조를 생성하게 된다. 먼저 'startrule'에 정의된 규칙에 따라서 S가 최상위 노드로 등장하며, 'eofile(end-of-file: 파일의 맨 마지막)'을 통해서 S만이 최상위 노드에 위치함을 명기한다. 다음으로 NP와 VP, 그리고 그 하부 규칙들을 명기한다. 이 규칙들은 '@lists'의 입력형을 검사하여서 파싱이 되는 것과 되지 않는 것을 구별하게 된다.

이러한 파싱 구조를 트리 형식의 데이터 구조로 변형시키려면 아래와 같은 코드를 활용하면 된다.

```
use Parse::RecDescent;
use Data::Dumper;

my $grammar=q{
    〈autotree〉
    startrule:          S   eofile
    S:                  NP VP
    NP:                 N
    VP:                 V NP
    N:                  'John'|'Mary'
    V:                  'loves'
    eofile:                 /^\Z/
};
```

```
my $parser=new Parse::RecDescent($grammar) or
    die "parser generation failure";

my @lists=( "John loves Mary");

foreach my $list(@lists){
    my $result = ($parser->startrule($list));
    print Dumper($result);
}
```

위에서 활용된 것은 Data::Dumper 모듈과 <autotree>이다. Data::Dumper 모듈은 데이터의 구조를 모두 보여주는 모듈이고 <autotree>는 파싱의 구조를 보여준다. 이 프로그램을 구동하면 아래와 같은 구조를 프린트한다. 각각의 구조에서 주어진 문장이 트리구조로 어떻게 파싱되어 있는지를 명기하고 있다.

```
$VAR1 = bless( {
         'eofile' => bless( {
                               '__VALUE__' => ''
                             } 'eofile' ),
         'S' => bless( {
                          'NP' => bless( {
                                             'N' => bless( {
                                                             '__VALUE__' =>
'John'
                                                           } 'N' ),
                                             '__RULE__' => 'NP'
                                           } 'NP' ),
                          'VP' => bless( {
```

```
                                        'NP' => bless( {
                                              'N' => bless( {
                                              '__VALUE__'   =>
'Mary'
                                                            }
'N' ),
                                              '__RULE__' =>
'NP'
                                                   } 'NP' ),
                                        'V' => bless( {
                                              '__VALUE__'   =>
'loves'
                                                  } 'V' ),
                                        '__RULE__' => 'VP'
                                      } 'VP' ),
                          '__RULE__' => 'S'
                        } 'S' ),
        '__RULE__' => 'startrule'
      } 'startrule' );
```

3.4.3 연습문제

1 다음과 같은 등위 접속절을 생성하는 규칙을 만들고 이를 Parse::RecDescent 구조로 분석하시오. [쉬움]

bread milk and eggs = CORRECT
meat and eggs = CORRECT
bread and milk and eggs = INCORRECT
meat milk eggs = INCORRECT
bread and bread = CORRECT
milk eggs and = INCORRECT
meat eggs milk = INCORRECT

3.5 언어학적 연구를 위한 도움말

"프로그램 작업은 또 하나의 세계이다. 그 곳은 때로는 거칠고, 가혹한 곳으로 목적과 대상만이 새로운 것을 분명히 만드는 곳이다."

이 책에서는 Perl을 통한 언어학적 연구에 대해 설명하였다. 책의 전반부에는 Perl에 대한 소개를, 후반부에는 언어학적 연구에 도움이 되는 기본적인 프로그램을 소개하였다. 이 책이 데이터 중심의 언어학 연구를 하는 사람들에게 도움이 되기 바란다.

책을 끝내기 전에 언어학 연구에 도움이 되는 몇 가지의 충고를 하고자 한다.

첫째, 언어에 대한 연구는 언어 자료에 대한 연구이다.
둘째, 언어학 연구는 실증적 경험적 연구가 동반되어야 한다.
셋째, 언어 자료는 매우 귀찮은 일을 해야 하는 '더러운 손'으로 가득 차 있으며 다른 누군가가 대신 해주리라는 생각을 하지 마라.
넷째, 언어를 배우듯이 프로그래밍 언어를 배우면 Perl을 쉽게 배울 수 있다.
다섯째, 단순히 개별적인 직관이 아니라 다른 사람들의 객관적인 자료를 바탕으로 언어학적 연구에 대한 결론을 내릴 수 있도록 하라.

첫 번째 충고는 학문의 대상에 대한 것이다. 언어학의 대상은 언어이며, 언어에 대한 연구는 언어 자체에 대한 연구이다. 언어 자체를 연구하려면 언어 자료를 연구해야 한다. 대상에 대한 답변은 단순하다. 철학이라는 학문의 대상은 사고이며 수학의 대상은 수이다. 우리는 언어학이 언어에 대한 연구라는 것을 알지만 언어 자료 자체가 연구의 대상이라는 것에는 소홀하기 쉽다. 언어라는 데이터를 연구하는 것이 언어학의 본질이다. 언어 데이터를 연구하지 않는 학문은 언어학의 범주에 들어간다고 할 수 없다. 철학에서 언어적 사고 방식을 연구하는 것을 언어철학이라고 하며, 심리학에서 언어적 행태를 연구하는 것을 언어심리학이라고 한다. 마찬가지로 컴퓨터 공학에서 언어처리를 위한 분야는 자연언어 처리라고 한다. 언어적 연구와 유사점은 많지만 언어 자체를 일차적 대상과 목적으로 삼지 않는다는 점에서 차이가 있다. 언어학 분야인 심리언어학은 심리학의 언어심리학과 연구의 대상에서 차이가 있다. 둘 다 언어와 심리의 연관성을 연구한다는 측면에서 유사성이 있지만 연구의 대상을 언어에 비중을 둘 것인가 아니면 심리에 비중을 둘 것인가에 따라서 차이를 보인다. 마찬가지로 전산학에서 자연언어 처리는 언어학의 전산언어학과 유사성과 차이점을 갖는다. 전산적인 문제인 연산과 처리에 관심을 갖는다는 측면에서 유사하지만, 언어 자료 자체가 가지는 연산의 문제에 초점을 둔다는 측면에서 전산언어학은 자연언어 처리와는 커다란 차이점이 있다.

두 번째는 언어학의 연구 대상이 언어 자료이므로 데이터에서 나온 증거를 통한 연구가 되어야 한다는 것이다. 언어가 정신의 산물이므로 그 정신을 연구하는 것이 언어학이라고 생각할 수 있다. 그러나 그 정신이란 것이 실증적이고 경험적이지 않다면 이것은 언어 자료가 대상이라는 첫 번째 주장에 위배되므로 틀린 생각이 된다. 또한 입증하지 못하는 것에 대한 연구라면 이것은 학문으로서의 가치를 상실한다. 경험적으로 드러나지 않거나 실증적으로 재현되지 못한다면 이것 또한 이성적인 판단의 대상이 될 수가 없다. 언어학은 주술사의 모임이 아니고 과학자들의 모임이 되어야 한다.

세 번째 충고는 언어학 문제를 다루는 일이 데이터로 가득 찬 꾸러미를 다루는 것으로, 하기 싫고 힘든 일이지만 이런 일을 기피해서는 안 된다는 것을 말한다. 우리는 언어학적 데이터를 수집하면서 다른 학자들의 연구물을 참조한다. 그렇지만 많은 경우에 그런 데이터는 논의를 위한 데이터이지 실제 사용되는 데이터는 아니다. 그러므로 원하는 데이터를 얻기 위해서는 실제 사용된 데이터를 통해서 수집하여야 한다. 이러한 작업은 매우 귀찮고 힘든 일일 것이며, 실제로 많은 작업을 해야 하는 '더러운 손'으로 가득한 일이다. 이런 일을 하기 위해서 Perl 프로그래밍을 학습하여야 한다. 3부에서 소개한 몇 가지 프로그래밍만 숙지해도 데이터를 통해서 많은 일을 할 수 있을 것이다. 프로그래밍에 대한 연구가 없이는 이러한 작업을 효과적으로 할 수 없다. 혹여 한다고 하더라도 단편적인 작업밖에 할 수가 없다.

네 번째는 프로그래밍을 배우는 자세를 말한다. 프로그래밍에 사용되는 언어는 인간 언어와는 차이가 있어서, 인공적으로 만들어진 인공 언어라고 한다. 인공 언어를 습득하는 것은 인간 언어를 배우는 일과 차이가 있지만, 인공 언어도 하나의 언어로서 접근하는 것이 올바른 방법이다. 인문학도는 다른 언어를 배우기 위해서 많은 시간을 투자한다. 누구든 영어로 된 서적을 읽기 위해서 많은 시간을 영어를 배우기 위해서 투자한다. 마찬가지로 프로그래밍 언어를 배우기 위해서도 많은 시간을 투자하여야 한다. 인공 언어는 인간 언어와는 다른 알고리즘이나 기타의 속성을 가지고 있지만 인간 언어를 배우는 것과 비슷하게 생각하면 된다. 다른 인간 언어를 배우는 목적은 그 언어로 의사소통을 하기 위함이다. 마찬가지로 인공 언어로 의사소통을 한다고 생각을 하면 인간 언어를 배우는 것과 차이점이 없다. 인공 언어를 통해서 기계에게 작업을 시키기 위해서 기계와 의사소통을 할 수 있어야 한다. 흔히 프로그래머들은 이런 점을 강조하기 위해서 컴퓨터와 대화한다는 표현을 많이 쓴다.

다섯째는 다른 사람과 교류하는 언어학을 만들어야 한다는 것이다. 언어학도 중에는 학문적 영역이 자신의 세계에 한정되어 있는 사람들이 많다. 이들은 자신의 사고방식을 연구하는 것이 인간의 본

성과 언어의 본질을 연구하는 것이라고 믿는다. 이들의 사고 방식은 선험성의 문제로 귀결되거나 데카르트적인 사고로 종합될 수 있다. 이런 사고 행태를 비난하는 것이 아니라 이런 행태를 학문의 자세로 돌리는 것이 문제가 있다는 것이다. 자신만의 데이터를 통해서 다른 사람들의 연구를 비판하는 것은 이러한 행동양식 중의 하나이다. 갇힌 사고, 닫혀진 사고로 연구의 기틀을 삼는 것은 학자의 자세가 아니다. 다른 사람들과 끊임없이 교류하면서 다른 사람들의 언어 자료를 연구하는 것이 가장 이상적이다. 우리는 자신만의 세계에 빠져버리는 나르시스적 매너리즘을 극복하여야 한다.

마지막으로, 이 책을 탐독한 후에 전산적 언어처리나 언어 자체가 지니고 있는 연산의 문제에 더 많은 관심을 갖게 되는 사람을 위해서 조언을 추가하고 싶다. 우선 언어처리나 연산은 언어적 문제와 더불어 계산적, 처리적 문제도 가지고 있다. 따라서, 수학이나 컴퓨터 과학을 배우기를 충고한다. 컴퓨터 과학을 언급한 이유는 공학적인 부분을 중시하는 컴퓨터 공학과는 차이를 두기 위함이다. 컴퓨터 공학에서는 공학적 관점에서 환경에 맞게 편리하게 변화시키는 점에 치중을 한다. 반면에 컴퓨터 과학은 보편적 지식이나 원리를 탐구하는 것으로 지식의 체계를 만드는 일에 치중한다고 할 수 있다. 그러므로 컴퓨터 과학을 통해서 기본적인 원리를 탐구하기를 바라는 것이다. 공학적 지식은 활용의 관점에서 유용하지만, 과학적 지식을 위해서는 원리를 파악하는 것이 무엇보다 중요하다. 컴퓨터 프로그래밍에 능한 것은 단순한 기술을 말하는 것으로, 이것이 마지막 목적지가 아니다. 수학이나 컴퓨터 과학을 접목하여서 언어적 문제를 탐구하면 실제 계산적, 처리적 탐구의 문제를 심도있게 다룰 수 있다.

이 책에서는 언어적 처리의 문제로 정규식, 파싱과 같은 논리적 처리와 빈도와 n-gram과 같은 통계적 처리방법을 소개하였다. 이 두 부분의 기반은 같지 않다. 전자는 논리적 언어처리를 통해 언어 자료를 처리하는 것으로, 정확하게 생성하고 해석하는 것이 가능하여야 한다. 후자는 생성이나 해석이 아니라 대량의 데이터를 다루어서 언어 자료에 대한 확률적, 통계적 해석을 해 내는 방법이다. 이 두 부분은 모두 언어 자료 처리의 문제와 더불어 학문적 연구가 필요하다. 앞으로 Perl 프로그래밍을 통한 단순한 데이터 추출이 아니라 언어적 원리나 언어의 모습을 심층적으로 분석하는 연구물이 나올 수 있기를 기대한다. 이런 일은 다른 학문과 학제적 연구를 함으로서 가능하리라고 생각한다.

프로그래밍의 세계는 컴퓨터와 대화하는 기술을 터득하는 것으로 어떤 대화를 나누는가도 중요하지만 어떻게 전달을 하는가도 매우 중요하다. 단순하게 고상한 대화만 나눌 수도 없고, 상스러운 대화만 나눌 수도 없다. 목적에 따라서 대화의 수준을 결정하여야 한다. 프로그래머 중에는 프로그래밍에만 탐닉하는 사람들이 많다. 이들은 프로그래밍 자체에만 몰두하여서 코드를 예쁘게 만드는 일에만 신경을 쓴다. 이런 태도는 그다지 바람직하지 않다. 대상과 수준에 맞는 대화를 즐길 줄 아는 프로그래머가 바람직하다. 코드에만 몰두하는 연구자가 되는 우를 범하지 말아야 한다.

부 록

1

Parse::RecDescent 모듈

Parse::RecDescent 모듈은 쓰임새가 매우 다양하다. php를 활용한 프로젝트를 경험한 사람은 apache 서버를 리눅스 환경에서 설치할 때 이 모듈이 설치되는 것을 알 수 있을 것이다. 이 모듈을 설치되는 이유는 웹 문서를 파싱하는 데 이 모듈을 활용하기 때문이다.

Parse::RecDescent 모듈은 매우 강력한 파싱 기능을 가지고 있지만 이해하기가 쉽지 않다. 대부분의 파싱 모듈은 문법을 형식언어에 맞게 수정하여야 한다. Pase::RecDescent 모듈도 자체적으로 원하는 형태의 형식언어로 문법을 바꾸어야 한다. 이러한 형식언어도 여러 형태가 존재하나 대부분이 BNF의 형식을 따른다. BNF는 Backus-Naur Form의 약자로 Parse::RecDescent 문법과는 차이가 있지만, 약간만 수정하면 활용할 수 있다.

Parse::RecDescent의 기본적인 문법은 아래와 같다.

```
macro_name : macro_body
```

여기서 :(콜론)은 macro_name과 macro_body를 구분한다. macro_body는 문자열이나 정규표현식일 수도 있다. 아래의 간단한 문법을 고려해 보자.

```
startrule: day month /\d/
day : "Sat" | "Sun" | "Mon" | "Tue" | "Wed" | "Thu" | "Fri"
```

```
month : "Jan" | "Feb" | "Mar" | "Apr" | "May" | "Jun" |
        "Jul" | "Aug" | "Sep" | "Oct" | "Nov" | "Dec"
```

위의 문법은 영어의 날짜를 파싱할 수 있다. 가령 'Sun Jan 1'라는 문자열을 먼저 day와 month 및 숫자로 파싱하고 이를 다시 day는 Sun으로 month는 Jan으로 파싱한다. 이런 간단한 모듈로 다음과 같은 프로그램에서 날짜를 파싱할 수 있다.

```
use Parse::RecDescent;

  $parser = Parse::RecDescent->new(q(
    startrule : day  month /\d+/
    day : "Sat" | "Sun" | "Mon" | "Tue" | "Wed" | "Thu" | "Fri"
    month : "Jan" | "Feb" | "Mar" | "Apr" | "May" | "Jun" |
            "Jul" | "Aug" | "Sep" | "Oct" | "Nov" | "Dec"
  ));

  print "Valid date\n" if $parser->startrule("Thu Mar 31");
  print "Invalid date\n" unless $parser->startrule("Jun 31 2000");
```

Parse::RecDescent의 파싱을 실제적으로 결정하는 것이 문법이다. 그러므로, 문법 설정을 잘 이해하는 것이 매우 중요하다. 문법의 규칙은 크게 규칙의 생성과 하부 규칙으로 나뉘는데, 규칙의 생성은 아래와 같은 형태로 가능하다.

```
rule1:  production1 |  production2 | production3 | production4
```

규칙은 각각이 별도로 생성되며 각각 생성된 규칙들은 다음과 같은 하부 규칙을 가질 수 있다.

```
program: statement(s)
```

이러한 명세는 각 하부 규칙들이 각각의 선언으로 생성되며 이를 통해서 해당 규칙이 만들어지는 것을 보여준다. 또 이러한 하부 규칙은 문자열로 구성된다. 문자열은 토큰과 구분자로 다시 나뉜다.

```
typedef: "typedef" typename identifier ';'
        typename: /[A-Za-z_][A-Za-z0-9_]*/
        identifier: m{[A-Za-z_][A-Za-z0-9_]*}
```

2

Perl 함수 문서

이 부록에서는 Perl문서인 Perldoc에 수록된 ActiveState Perl 함수의 원문서를 수록한다. 책에서 소개된 함수들 중에서 중요하게 쓰이는 함수만을 소개한다. 프로그램에 능한 사람은 프로그래밍 언어가 가지는 함수를 잘 이해한다. 따라서 Perl함수를 잘 이해하는 것이 프로그래밍 실력을 키우는 길이기도 하다. 프로그램을 작성하다 보면 함수들과 관련된 문서를 자주 참조하게 된다. 이러한 경우에 참조 문서 중에서 가장 좋은 것은 Perl을 만들어낸 사람들이 직접 작성한 문서이다.

관련 문서는 command 창에서 'perldoc perlfunc'라고 입력하면 볼 수 있다. 또는 'perldoc -f [함수이름]'라고 입력하면 해당 함수만 찾아 볼 수도 있으며, ActiveState Perl을 설치하면 관련 html 문서에서도 찾아 볼 수도 있다.

프로그래밍 작업을 하다보면 급히 참조가 필요하지만 잘 찾아지지 않는 경우가 있다. 이러한 경우를 대비해서 쉽게 찾아 볼 수 있게 해당 문서를 책에 수록하였다. 그리고 영어로 된 원문서를 그대로 수록한 까닭은 잘못된 번역을 통해서 잘못 이해하는 경우를 염려하기 때문이다.

문서를 보는 방식은 다음과 같다.

```
chop VARIABLE
chop( LIST )
chop
```

위의 내용은 chop함수의 문법을 나타낸 것이다. chop함수는 세 가지 경우로 활용될 수 있는데, 변수만 사용하는 경우(VARIABLE), 리스트를 사용하는 경우(LIST), chop만 그냥 단독으로 쓰이는 경우이다. 해당 함수의 문법이 제시된 다음에 그 함수를 설명하는 부분이 나온다.

> Chops off the last character of a string and returns the character chopped. It is much more efficient than s/.$//s because it neither scans nor copies the string. If VARIABLE is omitted, chops $_. If VARIABLE is a hash, it chops the hash's values, but not its keys.
> You can actually chop anything that's an lvalue, including an assignment.
> If you chop a list, each element is chopped. Only the value of the last chop is returned.
> Note that chop returns the last character. To return all but the last character, use substr($string, 0, -1).

위는 chop함수를 설명하고 있는 부분으로, 어떠한 기능을 하는 함수인지를 논의하고 있다. 또한, 프로그램 예제가 수록된 경우도 있다. 이 문서는 실제로 함수에 대한 표준 안내서이므로 참조가 필요한 경우에 찾아보기 바란다.

chomp VARIABLE
chomp(LIST)
chomp

> This safer version of chop removes any trailing string that corresponds to the current value of $/ (also known as $INPUT_RECORD_SEPARATOR in the Englishmodule). It returns the

total number of characters removed from all its arguments. It's often used to remove the newline from the end of an input record when you're worried that the final record may be missing its newline. When in paragraph mode ($/ = ""), it removes all trailing newlines from the string. When in slurp mode ($/ = undef) or fixed-length record mode ($/ is a reference to an integer or the like, see the perlvar manpage) chomp() won't remove anything. If VARIABLE is omitted, it chomps $_. Example:

```
while (⟨⟩) {
    chomp  # avoid \n on last field
    @array = split(/:/);
    #...
}
```

If VARIABLE is a hash, it chomps the hash's values, but not its keys. You can actually chomp anything that's an lvalue, including an assignment:

```
chomp($cwd = ‘pwd’);
chomp($answer = ⟨STDIN⟩);
```

If you chomp a list, each element is chomped, and the total number of characters removed is returned.

If the encoding pragma is in scope then the lengths returned are calculated from the length of $/ in Unicode characters, which is not always the same as the length of $/ in the native encoding.

Note that parentheses are necessary when you're chomping anything that is not a simple variable. This is because chomp $cwd = ‘pwd’; is interpreted as (chomp $cwd) = ‘pwd’;, rather than as chomp($cwd = ‘pwd’) which you might expect. Similarly, chomp $a, $b is interpreted as chomp($a), $b rather than as chomp($a, $b).

chop VARIABLE

chop(LIST)

chop

Chops off the last character of a string and returns the character chopped. It is much more efficient than s/.$//s because it neither scans nor copies the string. If VARIABLE is omitted, chops $_. If VARIABLE is a hash, it chops the hash's values, but not its keys.

You can actually chop anything that's an lvalue, including an assignment.

If you chop a list, each element is chopped. Only the value of the last chop is returned.

Note that chop returns the last character. To return all but the last character, use substr($string, 0, -1).

See also chomp.

hex EXPR

hex

Interprets EXPR as a hex string and returns the corresponding value. (To convert strings that might start with either 0, 0x, or 0b, see oct.) If EXPR is omitted, uses $_.

```
print hex '0xAf' # prints '175'
print hex 'aF'   # same
```

Hex strings may only represent integers. Strings that would cause integer overflow trigger a warning. Leading whitespace is not stripped, unlike oct(). To present something as hex, look into printf, sprintf, or unpack.

join EXPR,LIST

Joins the separate strings of LIST into a single string with fields separated by the value of EXPR, and returns that new string. Example:

```
$rec = join(':', $login,$passwd,$uid,$gid,$gcos,$home,$shell);
```

Beware that unlike split, join doesn't take a pattern as its first argument. Compare split.

keys HASH

Returns a list consisting of all the keys of the named hash. (In scalar context, returns the number of keys.)

The keys are returned in an apparently random order. The actual random order is subject to change in future versions of perl, but it is guaranteed to be the same order as either the values or each function produces (given that the hash has not been modified). Since Perl 5.8.1 the ordering is different even between different runs of Perl for security reasons (see Algorithmic Complexity Attacks in the perlsec manpage).

As a side effect, calling keys() resets the HASH's internal iterator (see each). In particular, calling keys()in void context resets the iterator with no other overhead.

Here is yet another way to print your environment:

```
@keys = keys %ENV
@values = values %ENV
while (@keys) {
    print pop(@keys), '=', pop(@values), "\n"
}
```

or how about sorted by key:

```
foreach $key (sort(keys %ENV)) {
```

```
    print $key, '=', $ENV{$key}, " \n"
}
```

The returned values are copies of the original keys in the hash, so modifying them will not affect the original hash. Compare values.

To sort a hash by value, you'll need to use a sort function. Here's a descending numeric sort of a hash by its values:

```
foreach $key (sort { $hash{$b} <=> $hash{$a} } keys %hash) {
    printf "%4d%s \n", $hash{$key}, $key
}
```

As an lvalue keysallows you to increase the number of hash buckets allocated for the given hash. This can gain you a measure of efficiency if you know the hash is going to get big. (This is similar to pre-extending an array by assigning a larger number to $#array.) If you say

```
keys %hash = 200
```

then %hashwill have at least 200 buckets allocated for it--256 of them, in fact, since it rounds up to the next power of two. These buckets will be retained even if you do %hash = (), use undef %hash if you want to free the storage while %hashis still in scope. You can't shrink the number of buckets allocated for the hash using keysin this way (but you needn't worry about doing this by accident, as trying has no effect).

See also each, values and sort.

lc EXPR

lc

Returns a lowercased version of EXPR. This is the internal function implementing the \L escape in double-quoted strings. Respects current LC_CTYPE locale if use localein force. See the perllocale manpage and the perlunicode manpage for more details about locale and Unicode support.

If EXPR is omitted, uses $_.

ord EXPR

ord

Returns the numeric (the native 8-bit encoding, like ASCII or EBCDIC, or Unicode) value of the first character of EXPR. If EXPR is omitted, uses $_. For the reverse, see chr. See the perlunicode manpage and the encoding manpage for more about Unicode.

package NAMESPACE

package

Declares the compilation unit as being in the given namespace. The scope of the package declaration is from the declaration itself through the end of the enclosing block, file, or eval (the same as the myoperator). All further unqualified dynamic identifiers will be in this namespace. A package statement affects only dynamic variables--including those you've used local on--but *not* lexical variables, which are created with my. Typically it would be the first declaration in a file to be included by the require or use operator. You can switch into a package in more than one place; it merely influences which symbol table is used by the compiler for the rest of that block. You can refer to variables and filehandles in other packages by prefixing the identifier with the package name and a double colon: $Package::Variable. If the package name is null, the main package as assumed. That is, $::sail is equivalent to $main::sail (as well as to

$main'sail, still seen in older code).

If NAMESPACE is omitted, then there is no current package, and all identifiers must be fully qualified or lexicals. However, you are strongly advised not to make use of this feature. Its use can cause unexpected behaviour, even crashing some versions of Perl. It is deprecated, and will be removed from a future release.

See Packages in the perlmod manpage for more information about packages, modules, and classes. See the perlsub manpage for other scoping issues.

pop ARRAY

pop

Pops and returns the last value of the array, shortening the array by one element. Has an effect similar to

```
$ARRAY[$#ARRAY--]
```

If there are no elements in the array, returns the undefined value (although this may happen at other times as well). If ARRAY is omitted, pops the @ARGV array in the main program, and the @_ array in subroutines, just like shift.

pos SCALAR

pos

Returns the offset of where the last m//g search left off for the variable in question ($_ is used when the variable is not specified). Note that 0 is a valid match offset. undef indicates that the search position is reset (usually due to match failure, but can also be because no match has yet been performed on the scalar). pos directly accesses the location used by the regexp engine to store the offset, so assigning to pos will change that offset, and so will also influence the \G zero-width assertion in regular expressions. Because a failed m//gc match doesn't reset the offset, the return from pos won't change either in this case. See the perlre manpage and the perlop manpage.

push ARRAY,LIST

Treats ARRAY as a stack, and pushes the values of LIST onto the end of ARRAY. The length of ARRAY increases by the length of LIST. Has the same effect as

```
for $value (LIST) {
    $ARRAY[++$#ARRAY] = $value
}
```

but is more efficient. Returns the number of elements in the array following the completed push.

qw/STRING/

Generalized quotes. See Regexp Quote-Like Operators in the perlop manpage.

reverse LIST

In list context, returns a list value consisting of the elements of LIST in the opposite order. In scalar context, concatenates the elements of LIST and returns a string value with all characters in the opposite order.

```
print reverse <>;           # line tac, last line first
undef $/                   # for efficiency of <>
print scalar reverse <>;   # character tac, last line tsrif
```

Used without arguments in scalar context, reverse() reverses $_.

This operator is also handy for inverting a hash, although there are some caveats. If a value is duplicated in the original hash, only one of those can be represented as a key in the inverted hash. Also, this has to unwind one hash and build a whole new one, which may take some time on a large hash, such as from a DBM file.

```
%by_name = reverse %by_address     # Invert the hash
```

rindex STR,SUBSTR,POSITION

rindex STR,SUBSTR

Works just like index() except that it returns the position of the *last* occurrence of SUBSTR in STR. If POSITION is specified, returns the last occurrence beginning at or before that position.

shift ARRAY

shift

Shifts the first value of the array off and returns it, shortening the array by 1 and moving everything down. If there are no elements in the array, returns the undefined value. If ARRAY is omitted, shifts the @_ array within the lexical scope of subroutines and formats, and the @ARGV array at file scopes or within the lexical scopes established by the eval '', BEGIN {}, INIT {}, CHECK {}, and END {} constructs.

See also unshift, push, and pop. shift and unshift do the same thing to the left end of an array that pop and push do to the right end.

splice ARRAY,OFFSET,LENGTH,LIST

splice ARRAY,OFFSET,LENGTH

splice ARRAY,OFFSET

splice ARRAY

Removes the elements designated by OFFSET and LENGTH from an array, and replaces them with the elements of LIST, if any. In list context, returns the elements removed from the array. In scalar context, returns the last element removed, or undef if no elements are removed. The array grows or shrinks as necessary. If OFFSET is negative then it starts that far from the end of the array. If LENGTH is omitted, removes everything from OFFSET onward. If LENGTH is negative, removes the elements from OFFSET onward except for -LENGTH elements at the end of the array. If both OFFSET and LENGTH are omitted, removes everything. If OFFSET is past the end of the array, perl issues a warning, and splices at the end of the array.

The following equivalences hold (assuming $[== 0 and $#a 〉= $i)

```
push(@a,$x,$y)      splice(@a,@a,0,$x,$y)
pop(@a)             splice(@a,-1)
shift(@a)           splice(@a,0,1)
unshift(@a,$x,$y)   splice(@a,0,0,$x,$y)
$a[$i] = $y         splice(@a,$i,1,$y)
```

Example, assuming array lengths are passed before arrays:

```
sub aeq {   # compare two list values
    my(@a) = splice(@_,0,shift);
    my(@b) = splice(@_,0,shift);
    return 0 unless @a == @b        # same len?
    while (@a) {
        return 0 if pop(@a) ne pop(@b);
    }
```

```
    return 1
  }
  if (&aeq($len,@foo[1..$len],0+@bar,@bar)) { ... }
```

split /PATTERN/,EXPR,LIMIT
split /PATTERN/,EXPR
split /PATTERN/
split

Splits the string EXPR into a list of strings and returns that list. By default, empty leading fields are preserved, and empty trailing ones are deleted. (If all fields are empty, they are considered to be trailing.)
In scalar context, returns the number of fields found and splits into the @_ array. Use of split in scalar context is deprecated, however, because it clobbers your subroutine arguments.
If EXPR is omitted, splits the $_string. If PATTERN is also omitted, splits on whitespace (after skipping any leading whitespace). Anything matching PATTERN is taken to be a delimiter separating the fields. (Note that the delimiter may be longer than one character.)
If LIMIT is specified and positive, it represents the maximum number of fields the EXPR will be split into, though the actual number of fields returned depends on the number of times PATTERN matches within EXPR. If LIMIT is unspecified or zero, trailing null fields are stripped (which potential users of popwould do well to remember). If LIMIT is negative, it is treated as if an arbitrarily large LIMIT had been specified. Note that splitting an EXPR that evaluates to the empty string always returns the empty list, regardless of the LIMIT specified.
A pattern matching the null string (not to be confused with a null

pattern //, which is just one member of the set of patterns matching a null string) will split the value of EXPR into separate characters at each point it matches that way. For example:

```
print join(':', split(/ */, 'hi there'));
```

produces the output 'h:i:t:h:e:r:e'.

As a special case for split, using the empty pattern //specifically matches only the null string, and is not be confused with the regular use of //to mean "the last successful pattern match". So, for split, the following:

```
print join(':', split(//, 'hi there'));
```

produces the output 'h:i: :t:h:e:r:e'.

Empty leading (or trailing) fields are produced when there are positive width matches at the beginning (or end) of the string; a zero-width match at the beginning (or end) of the string does not produce an empty field. For example:

```
print join(':', split(/(?=\w)/, 'hi there!'));
```

produces the output 'h:i :t:h:e:r:e!'.

The LIMIT parameter can be used to split a line partially

```
($login, $passwd, $remainder) = split(/:/, $_, 3);
```

When assigning to a list, if LIMIT is omitted, or zero, Perl supplies a LIMIT one larger than the number of variables in the list, to avoid unnecessary work. For the list above LIMIT would have been 4 by default. In time critical applications it behooves you not to split into more fields than you really need.

If the PATTERN contains parentheses, additional list elements are created from each matching substring in the delimiter.

```
split(/([,-])/, "1-10,20", 3);
```

produces the list value

```
(1, '-', 10, ',', 20)
```

If you had the entire header of a normal Unix email message in $header, you could split it up into fields and their values this way:

```
$header =~ s/\n\s+/ /g  # fix continuation lines
%hdrs  =  (UNIX_FROM => split /^(\S*?):\s*/m, $header);
```

The pattern /PATTERN/may be replaced with an expression to specify patterns that vary at runtime. (To do runtime compilation only once, use /$variable/o.)

As a special case, specifying a PATTERN of space (') will split on white space just as split with no arguments does. Thus, 〈A HREF="#ITEM_SPLIT"〉split(' can be used to emulate awk's default behavior, whereas 〈A HREF="#ITEM_SPLIT"〉split(/ will give you as many null initial fields as there are leading spaces. A split on /\s+/is like a 〈A HREF="#ITEM_SPLIT"〉 split('except that any leading whitespace produces a null first field. A split with no arguments really does a 〈A HREF="#ITEM_SPLIT"〉split(' internally.

A PATTERN of /^/ is treated as if it were /^/m, since it isn't much use otherwise.

Example:

```
open(PASSWD, '/etc/passwd');
while (<PASSWD>) {
    chomp
    ($login, $passwd, $uid, $gid,
     $gcos, $home, $shell) = split(/:/);
    #...
}
```

As with regular pattern matching, any capturing parentheses that are not matched in a split() will be set to undef when returned:

```
@fields = split /(A)|B/, "1A2B3"
# @fields is (1, 'A', 2, undef, 3)
```

substr EXPR,OFFSET,LENGTH,REPLACEMENT
substr EXPR,OFFSET,LENGTH
substr EXPR,OFFSET

Extracts a substring out of EXPR and returns it. First character is at offset 0, or whatever you've set $[to (but don't do that). If OFFSET is negative (or more precisely, less than $[), starts that far from the end of the string. If LENGTH is omitted, returns everything to the end of the string. If LENGTH is negative, leaves that many characters off the end of the string.

You can use the substr() function as an lvalue, in which case EXPR must itself be an lvalue. If you assign something shorter than LENGTH, the string will shrink, and if you assign something longer than LENGTH, the string will grow to accommodate it. To keep the string the same length you may need to pad or chop your value using sprintf.

If OFFSET and LENGTH specify a substring that is partly outside the string, only the part within the string is returned. If the substring is beyond either end of the string, substr() returns the undefined value and produces a warning. When used as an lvalue, specifying a substring that is entirely outside the string is a fatal error. Here's an example showing the behavior for boundary cases:

```
my $name = 'fred'
substr($name, 4) = 'dy'          # $name is now 'freddy'
my $null = substr $name, 6, 2    # returns '' (no warning)
```

```
my $oops = substr $name, 7          # returns undef, with warning
substr($name, 7) = 'gap'            # fatal error
```

An alternative to using substr()as an lvalue is to specify the replacement string as the 4th argument. This allows you to replace parts of the EXPR and return what was there before in one operation, just as you can with splice().

색인

언어 자료 처리를 위한 Perl

초판 1쇄 발행 2008년 2월 20일
초판 2쇄 발행 2014년 7월 20일

지은이 ▪ 김동성 · 채희락 · 전종섭
펴낸이 ▪ 김인철
펴낸곳 ▪ 한국외국어대학교 출판부
130-791 서울특별시 동대문구 이문로 107
전화: 02)2173-2495, 2497
FAX: 02)2173-3363
홈페이지: http://press.hufs.ac.kr
전자우편: press@hufs.ac.kr
출판등록 ▪ 제6-6호(1969. 4. 30)
편집 · 디자인 ▪ (주)이환D&B 02)2254-4301
인쇄 · 제본 ▪ (주)정문프린팅 02)2275-0114

ISBN 978-89-7464-478-9 13560 정가 10,000원

* 잘못된 책은 교환하여 드립니다.